clave

Brian Tracy es el presidente de Brian Tracy International, una compañía de desarrollo de recursos humanos con sede en Solana Beach, California. Ha escrito 70 libros y desarrollado más de 800 programas de entrenamiento en audio y vídeo. Sus materiales han sido traducidos a 40 idiomas y utilizados en 64 países.

Brian ha sido consultor de más de 1.000 empresas y es uno de los mejores conferenciantes e instructores del mundo. Imparte cursos a más de 250.000 personas cada año sobre temas de liderazgo, estrategia, ventas, desarrollo personal y éxito empresarial. Ha dado más de 5.000 conferencias y seminarios a 5 millones de personas alrededor del mundo, brindando una mezcla única de humor, perspicacia, información e inspiración. Ha publicado, entre otros, *Si lo crees, lo creas*, junto con la psicoterapeuta Christina Stein; *Habla menos, actúa más*; *Conecta con los demás*; *Conecta con el dinero*; *Multiplica tu dinero*; *Emprende tu propio negocio*, y *El plan Fénix*.

Para más información, visita la página web del autor: www.briantracy.com

También puedes seguir a Brian Tracy en sus redes sociales:

Brian Tracy
@BrianTracy
@thebriantracy
Brian Tracy

BRIAN TRACY

Multiplica tu dinero
Guía práctica para volverse millonario

Traducción de
Alejandra Ramos Aragón

DEBOLS!LLO

Papel certificado por el Forest Stewardship Council®

Título original: *Make More Money*
Primera edición: febrero de 2024
Tercera reimpresión: marzo de 2025

© 2018, Brian Tracy
Publicado por acuerdo con Waterside Productions, Inc, a través de Yañez,
parte de International Editors, Co. S.L.
© 2022, Penguin Random House Grupo Editorial, S. A. de C. V.
Blvd. Miguel de Cervantes Saavedra núm. 301, 1er piso,
colonia Granada, alcaldía Miguel Hidalgo, C. P. 11520,
Ciudad de México
© 2024, Penguin Random House Grupo Editorial, S.A.U.
Travessera de Gràcia, 47-49. 08021 Barcelona
© 2022, Alejandra Ramos Aragón, por la traducción
Diseño de la cubierta: Penguin Random House Grupo Editorial
Imagen de la cubierta: ©iStock

Penguin Random House Grupo Editorial apoya la protección de la propiedad intelectual. La propiedad intelectual estimula la creatividad, defiende la diversidad en el ámbito de las ideas y el conocimiento, promueve la libre expresión y favorece una cultura viva. Gracias por comprar una edición autorizada de este libro y por respetar las leyes de propiedad intelectual al no reproducir ni distribuir ninguna parte de esta obra por ningún medio sin permiso. Al hacerlo está respaldando a los autores y permitiendo que PRHGE continúe publicando libros para todos los lectores. De conformidad con lo dispuesto en el artículo 67.3 del Real Decreto Ley 24/2021, de 2 de noviembre, PRHGE se reserva expresamente los derechos de reproducción y de uso de esta obra y de todos sus elementos mediante medios de lectura mecánica y otros medios adecuados a tal fin. Diríjase a CEDRO (Centro Español de Derechos Reprográficos, http://www.cedro.org) si necesita reproducir algún fragmento de esta obra.
En caso de necesidad, contacte con: seguridadproductos@penguinrandomhouse.com

Printed in Spain – Impreso en España

ISBN: 978-84-663-7286-2
Depósito legal: B-20.230-2023

Impreso en Novoprint
Sant Andreu de la Barca (Barcelona)

P 3 7 2 8 6 A

Índice

Introducción 9

Capítulo 1. **Piensa y reacciona: ¿quién realmente se vuelve rico?** 13

Capítulo 2. **Hábitos de los millonarios y los multimillonarios** 27

Capítulo 3. **Formarse nuevos hábitos.** 43

Capítulo 4. **Cómo piensa la gente rica** 51

Capítulo 5. **Más maneras de pensar de la gente rica: gana más** 61

Capítulo 6. **Los siete puntos básicos del éxito en los negocios** 81

Capítulo 7. **Los siete hábitos de los negocios de alta rentabilidad** 95

Capítulo 8. **Los siete hábitos para el éxito personal** 109

Introducción

Bienvenido a *Multiplica tu dinero*, un libro con los sencillos hábitos de los millonarios y los multimillonarios.

A lo largo de los años he ofrecido más de 5 mil conferencias y seminarios en 72 países. He hablado de temas relacionados con el éxito personal y profesional frente a más de cinco millones de personas. He dedicado décadas al estudio de las historias de vida de la gente más exitosa del mundo en la actualidad y en el pasado. Gracias a ello descubrí ciertas características y hábitos en común, los cuales te presentaré en este libro.

Capítulo 1

PIENSA Y REACCIONA: ¿QUIÉN REALMENTE SE VUELVE RICO?

Permíteme contarte una anécdota breve. Hace algunos años, cuando empecé a dar conferencias y a dirigir seminarios, recibí la llamada del presidente de una gran empresa internacional. El ejecutivo esperaba recibir a 800 socios de negocios en su convención anual.

Me preguntó si podría dar una plática sobre los secretos de éxito de millonarios que hubieran amasado sus propias fortunas y sobre cómo volverse rico en una sola generación. "Por supuesto", respondí.

Yo sabía que cuando eres nuevo en el ámbito de los oradores profesionales, tienes que estar dispuesto a hablarle a cualquier persona sobre cualquier tema y a presentarte como experto en la materia.

No obstante, cuando colgué el teléfono me di cuenta de que no sabía mucho respecto a los millonarios. Estaba a punto de cumplir 40 años y siempre había deseado ser uno de ellos. De hecho, mi objetivo era llegar a ser millonario a los 30, luego cambió a los 35. Los años pasaron y aún no me acercaba ni un poco a mi meta, así que empecé a perder la esperanza.

Por todo esto, para prepararme para la conferencia empecé por leer para informarme sobre millonarios que amasaron sus propias fortunas. Descubrí que ya se habían realizado numerosas investigaciones al respecto: había análisis y entrevistas con decenas de miles de ellos. Usualmente era gente que comenzó con las manos vacías y se volvió millonaria en una sola generación. Algunos incluso llegaron a ser multimillonarios. También descubrí que tenían ciertos rasgos y comportamientos en común.

Dos meses después, estaba listo para dar la conferencia. Me puse de pie y hablé sobre las cualidades, características, hábitos y comportamientos de este tipo de millonarios.

Mi plática tuvo tanto éxito que me llamaron grupos y organizaciones de todo el mundo y me pidieron que la diera varias veces más. Comenzó siendo una plática de una hora, pero luego se alargó a hora y media. Más adelante la hice de medio día y finalmente se transformó en un programa de un día completo con cuaderno de trabajo y ejercicios.

SUCEDIÓ ALGO ASOMBROSO

Después sucedió algo asombroso: cinco años más tarde, ya era rico. Pasé literalmente de pobre a millonario, como me gusta decir. Lo hice practicando lo que predicaba. El mero hecho de repetir las ideas y las estrategias una y otra vez me permitió autoprogramarme y pensar de manera distinta respecto a mi potencial financiero. De pronto descubrí que practicaba cada vez más las cosas que hacían los millonarios y menos las que hacían los pobres o la gente con ingresos promedio. Mi vida cambió por completo.

TÚ TAMBIÉN PUEDES HACERLO

En este libro te daré algunos hechos, cifras e información. Explicaré los hábitos, las conductas y las herramientas de reflexión de los millonarios. Te hablaré sobre algunas de las acciones prácticas que llevan a cabo todos los días para llegar a ser ricos y mantenerse así.

Comencemos. En 1900, hace poco más de un siglo, había solamente 5 mil millonarios. En 2015, se registraron 10 millones 600 mil tan sólo en Estados Unidos y 20 millones en todo el mundo. Muchos de ellos provienen de países pobres. Además, la gente se vuelve millonaria mucho más que antes.

COMENZAR CON LAS MANOS VACÍAS

El 80% de estos millonarios amasó su propia fortuna en la primera generación. Cuando comencé mi investigación no había multimillonarios, pero de acuerdo con la revista *Forbes* y otros estudios, para 2015 había mil 845 multimillonarios en el mundo. Cada año más gente entra a este club. Para poder formar parte de la lista Forbes 400 que incluye a las 400 personas más ricas de Estados Unidos, necesitas tener un valor neto de más de mil 600 millones de dólares. En 1980, cuando empecé a seguir la lista Forbes 400, uno podía formar parte de ella con 200 millones de dólares.

Un dato relevante es que 66% de los multimillonarios empezó con las manos vacías. Los otros heredaron el dinero de sus familias y de otras fuentes, pero 66% de la gente más rica del mundo empezó sin nada. Asimismo, tenían características comunes en cuanto a sus orígenes. A veces contaban con una educación limitada, a veces eran inmigrantes que no hablaban la lengua de su entorno, y lucharon durante años antes de descubrir la serie única de circunstancias que les permitió volverse ricos: lo mismo que posiblemente harás tú después de seguir este programa.

FUENTES DE RIQUEZA

Las principales fuentes de riqueza son los negocios y pueden ser de todo tipo: manufactura, transporte, distribución, petróleo, gas, bienes raíces, alimentos y restaurantes. Los negocios son, por mucho, las mayores fuentes generadoras de riqueza.

A veces le pregunto al público de las conferencias: "¿Cuántos de ustedes trabajan sólo por comisiones?". Entonces hay una pausa, un momento de silencio en el que la gente luce incómoda. Después de eso, alrededor de 15% de los presentes levanta la mano.

CREAR VALOR

Luego explico: "Les diré la triste verdad: todos trabajan por comisiones. Todos obtienen sólo una parte del valor que generan. Si generan más valor, ganarán más dinero. Su jefe actual, o el que tengan más adelante, siempre estará dispuesto a pagarles un porcentaje del valor adicional que logren crear".

Siempre digo que los buenos empleados, es decir, la gente competente en cualquier ramo, es gratuita y, además, viene con una ganancia. La gente contribuye cuando genera más valor de lo que se le paga, su contribución a la empresa siempre es mayor a lo que cuestan como empleados. Por eso son esenciales para que la empresa pueda generar ganancias.

Ésta es la razón por la que las empresas sólo serán exitosas en la medida que continúen contratando gente talentosa cuyas contribuciones tengan un valor mayor a lo que se le paga.

Microsoft ™ tiene 120 mil empleados y casi todos contribuyen más de lo que cuestan. Por eso la empresa continúa ganando miles y miles de millones de dólares, y Bill Gates sigue siendo el hombre más rico del mundo. Sucede lo mismo con Google, Apple, Facebook y todas las otras organizaciones exitosas.

RIQUEZA PROVENIENTE DE LOS BIENES RAÍCES

Los bienes raíces son la segunda fuente principal generadora de riqueza. Por eso muchos dicen: "Los bienes raíces es un campo limitado, pero uno puede volverse rico gracias a ellos". Por desgracia, esto no siempre es cierto: cada año, mucha gente que se dedica a los bienes raíces termina en la quiebra.

Conocí a un hombre que hace poco vendió su negocio de manufactura por 50 millones de dólares. Vino a verme para presentarme una propuesta de negocios. Su idea no era muy atractiva y, para colmo, no se veía ni muy feliz ni exitoso.

Me contó una anécdota interesante: "Pasé más de 20 años construyendo mi negocio, y cuando finalmente decidí venderlo por 50 millones de dólares, todos me dijeron que invirtiera en bienes raíces".

Eso fue lo que hizo. El problema fue que, como no sabía mucho sobre bienes raíces ni sobre propiedades comerciales, invirtió e invirtió hasta que se le acabó el dinero.

Por eso digo que hay gente que genera dinero gracias a los bienes raíces y gente que lo pierde. Hay muchas personas que llegan a tener cientos de millones de dólares, pero algunos años después están en la ruina y tienen que volver a trabajar para ganar un salario.

La cuestión más importante respecto a este tipo de inversión es que la mayoría de la gente que llega a tener éxito lo logra porque se enfoca en los bienes raíces y no se distrae con nada más.

Quienes también tienen éxito son aquellos que toman dinero de algún negocio en el que les ha ido bien y lo invierten en bienes raíces con la ayuda de expertos que saben lo que hacen. Los bienes raíces pueden ser una fuente primaria de riqueza, pero sólo si sabes cómo manejarlos.

DINERO E INVERSIONES

La tercera mayor fuente de riqueza está conformada por la banca y las finanzas. La cantidad de personas de la lista Forbes 400 que dirigen o fundan bancos, o que participan en algún proyecto de capital de riesgo o de financiamiento de capitales, es asombrosa. Entre ellas encontramos también los seguros de vida y otras maneras de invertir y usar el capital.

En una ocasión, alguien me dijo: "Si quieres cultivar cacahuates, planta cacahuates; si quieres producir dinero, vende dinero". La gente de la industria de los servicios financieros, es decir, el negocio del dinero, suele ser de la más adinerada porque siempre gana un porcentaje, ya sea mayor o menor, del valor que produce.

RIQUEZA DE LA TECNOLOGÍA

La tecnología es la cuarta mayor fuente de riqueza y una de las áreas que más millonarios y multimillonarios ha producido en los últimos años. Personas de todos tipos y de todas partes del mundo van a Silicon Valley en busca de capital para financiar emprendimientos para cientos y miles de ideas basadas en nuevas tecnologías.

El año pasado se calculó que, entre expertos y genios de la tecnología, había más de un millón de individuos trabajando, por su cuenta o en equipo, con el objetivo de encontrar la siguiente "gran app". De hecho, en Estados Unidos hay más gente tratando de desarrollar la próxima aplicación exitosa para teléfonos inteligentes que granjeros, y parece que esta tendencia no acabará.

DINERO A PARTIR DE LA PRODUCCIÓN ENERGÉTICA

La quinta mayor fuente de riqueza la conforman el petróleo y el gas. La industria energética mundial seguirá en crecimiento y expansión, en especial en áreas como el *fracking*. En algún momento, el petróleo y el gas llegaron a producir más millonarios y multimillonarios que cualquier otra industria.

ÉXITO EN LOS NEGOCIOS

La clave para el éxito en los negocios siempre ha sido la misma. En primer lugar, es necesario encontrar una necesidad no satisfecha y satisfacerla. Uno de los grandes secretos del éxito es que si quieres hacer mucho dinero, necesitas encontrar una gran cantidad de personas con la misma necesidad urgente y tratar de satisfacerla ofreciendo una solución de gran calidad.

Ésta es la manera más confiable de triunfar en la economía de mercado. Encuentra algo que la gente desee y necesite, y provéelo mejor que nadie más, tanto como empresa como individuo.

La segunda clave del éxito en los negocios es venderle algo a alguien más. Ésta es la estrategia más poderosa de los negocios. Le llamo estrategia sms porque para referirme a ella en inglés uso la frase "Sell More Stuff": vende más cosas. Es asombrosa la cantidad de gente que está tratando de comenzar un negocio, reunir capital, desarrollar tecnología y abrir oficinas, pero no vende nada.

Las empresas más exitosas del mundo son las que venden más artículos durante todo el día. Ya conoces el dicho: "Mientras no vendas algo, no sucede nada".

NO PIERDAS DINERO

La tercera clave del éxito en los negocios es "no pierdas dinero". Si te parece que podrías perder un poco, lo más probable es que pierdas mucho. La gente más exitosa es la que desarrolla una actitud casi obsesiva respecto a no perder dinero.

Mi amigo Phil Towne, exitoso inversionista y autor, escribió un libro llamado *Rule Number One*. De acuerdo con los millonarios y los multimillonarios, la regla número uno es "no perder dinero". Tómate tu tiempo, reúne toda la información, haz la tarea, prepárate bien, analiza tus movimientos financieros de manera minuciosa y con anticipación. Haz un plan maestro y no pierdas dinero.

J. Paul Getty fue en algún momento el hombre más rico del mundo. Fue el primer multimillonario verdadero. En una ocasión le preguntaron cuál era la clave para lograr lo que él consiguió y contestó: "En primer lugar, si encuentro un buen trato de negocios, lo analizo escrupulosamente antes de decidir participar, ése es el inicio. Luego me pregunto:

'¿Qué es lo peor que podría suceder?' ¿De qué manera podría perder dinero en este trato?'. Luego centro todo mi esfuerzo en asegurarme de que no suceda lo peor, es decir, en no perder dinero".

Uno de mis mentores me dijo que el gran secreto del éxito era aprender de los expertos. Me explicó que yo nunca viviría lo suficiente para aprender todo lo que necesitaba aprender por mi cuenta. Estas ideas provienen de los expertos más connotados en la generación de riqueza en la actualidad.

En este libro aprenderás a profundizar en la personalidad y el comportamiento que les ha permitido a ciertas personas volverse ricas mientras otros batallan por dinero toda su vida.

Capítulo 2

HÁBITOS DE LOS MILLONARIOS Y LOS MULTIMILLONARIOS

La mayoría de los millonarios y multimillonarios que amasaron sus propias fortunas tienen hábitos peculiares que los diferencian de la gente común. Como 95% de tus comportamientos los definen tus hábitos, la clave del éxito consiste en formarse buenos hábitos y permitir que ellos rijan tu vida. Esto es lo que determina tu éxito por encima de cualquier otra cosa. Tu situación financiera dependerá más de tu comportamiento que de tu educación, tus antecedentes o incluso de la riqueza que heredes.

DIEZ HÁBITOS QUE PUEDES FORMARTE

Conozcamos los 10 hábitos personales más importantes de la gente rica.

1. Trabajo arduo y autodisciplina

De acuerdo con las entrevistas realizadas con las personalidades de la lista Forbes 400 de 2015, el hábito número uno de la gente más rica de Estados Unidos es el trabajo arduo y la autodisciplina.

Cuando se analizó a los multimillonarios de la lista y se les preguntó cuáles creían que eran las razones de su extraordinario éxito, 76% se lo atribuyó al trabajo arduo y a la autodisciplina por encima de cualquier otra cualidad.

Al entrevistar a más de mil millonarios que amasaron sus propias fortunas, Thomas Stanley, autor de *The Millionaire Next Door*, también descubrió que 84% le atribuía su éxito a estos factores. Los millonarios dijeron que gracias a ellos lograron triunfar y prosperar en sus respectivas industrias. Después de toda una vida de estudiar a la gente adinerada, Napoleon Hill, autor de *Piense y hágase rico*, llegó a la conclusión de que "la autodisciplina es la clave de la riqueza".

No hay atajos

No hay atajos para alcanzar el éxito. Mi amigo Charlie Jones solía decir: "Los caminos laterales son siempre caminos laterales". Debes negarte a escuchar a cualquier persona que te diga que es posible hacer mucho dinero sin tener que trabajar con todo tu empeño durante mucho, mucho tiempo.

La mayoría de quienes han tenido éxito han trabajado en su área de especialidad por 20 años o más antes de lograr amasar una fortuna suficientemente grande para entrar en las filas de los multimillonarios.

Al parecer, los millonarios trabajan alrededor de 60 horas o más a la semana, pero además se enfocan en actividades de alto valor y trabajan todo el tiempo que trabajan, es decir, todo el tiempo que están en su oficina o centro laboral.

La gente común trabaja 40 horas a la semana o menos. Para colmo, 50% o más del tiempo lo desperdicia en conversaciones triviales con sus compañeros de trabajo en leer correos electrónicos y visitar las redes sociales, en descansos para tomar un café y en almuerzos, así como en otras actividades infructíferas. Esto da como resultado que la persona promedio en realidad sólo trabaje cerca de 20 horas semanales en tareas que en verdad producen valor.

Levantarse temprano

De acuerdo con estudios recientes, los millonarios suelen despertarse antes de las 6:00 a.m. Despiertan unas tres horas antes de su primera cita o compromiso del día. Se levantan en cuanto abren los ojos y empiezan su día con unos cinco rituales básicos: ejercicio, lectura, meditación, planeación y preparación.

Los millonarios y los multimillonarios planean y organizan con atención su día y, para la hora en que se levanta la persona común, ellos ya trabajaron cerca de dos o tres horas. No desperdician ni un minuto.

2. Aprovecha tu tiempo

El hábito número dos de la gente rica es asignar su tiempo con cuidado y ocuparlo en las actividades más importantes que pueda realizar en cualquier momento dado. Hace poco le preguntaron a Warren Buffet cuál era su secreto más importante para el éxito y contestó: "Mi secreto es simple: le digo 'No' a prácticamente toda la gente que requiere que le conceda mi tiempo. No importa qué deseen, yo me niego de inmediato. Es algo que digo pronto y con frecuencia para poder enfocarme solamente en las actividades que en verdad marcan la diferencia". Steve Jobs decía lo mismo.

Si el trabajo arduo y la autodisciplina son fundamentales para el éxito financiero, lo primero que debemos preguntarnos es: "¿Qué debes hacer para empezar a formarte estos hábitos de inmediato?".

Más adelante te daré algunas ideas sobre cómo formarte los hábitos que desees más rápido de lo que podrías imaginar que es posible.

3. Objetivos y planes claros

El tercer hábito de la gente rica es establecer objetivos y planes claros, y trabajar a partir de los mismos. Si alguien construye una casa hermosa es porque tiene un plano excelente. Si alguien construye una máquina portentosa es porque cuenta con diseños de ingeniería detallados.

La gente que quiere generar mucho dinero tiene objetivos y planes claros, y los sigue al pie de la letra.

La gente rica no sólo tiene objetivos individuales para cada aspecto de su vida. De acuerdo con investigaciones recientes, 85% de los millonarios tiene un proyecto central sumamente ambicioso. Es lo que llaman "mi audaz y enorme proyecto".

En *Piense y hágase rico*, Napoleon Hill dijo que tu vida sólo empieza a volverse importante cuando desarrollas el *ardiente deseo* de lograr un *propósito mayor definitivo*. Se trata del momento coyuntural en el que enfocas toda tu energía en el objetivo que puede tener el mayor impacto en tu vida. Independientemente de lo que estés haciendo o en qué estés trabajando, siempre pensarás en cómo lograr este objetivo.

El gran descubrimiento

En nuestros miles de cursos y seminarios impartidos a gente de todo el mundo descubrimos que cuando trabajas en tu objetivo principal, en especial si es financiero, de pronto comienzas a avanzar en todas tus demás metas al mismo tiempo casi sin darte cuenta.

Los millonarios trabajan a partir de planes de acción claros y planean con anticipación. En una ocasión, Napoleon

Hill dijo: "Todos los éxitos son resultado de desarrollar planes nuevos cuando los viejos fallan". Fracasar en la planeación equivale a planear tu fracaso. Los objetivos y los planes poco claros son la principal razón por la que la gente no logra sus metas, desperdicia tiempo y pierde dinero.

Por último, descubrimos que los millonarios establecen sistemas de evaluación y fechas límite para cada uno de sus objetivos. Ellos mismos se obligan a cumplir y son inclementes: no se dan un respiro. Además, supervisan su progreso de forma constante.

En resumen, la gente rica tiene claridad respecto a sus metas y objetivos. Trabaja a partir de planes de acción claros y escritos. Todo el tiempo establece medidas, hitos, estándares y fechas límite para sus objetivos, y luego trabaja sin cesar para cumplirlos.

Zig Ziglar solía decir: "Si eres inflexible contigo mismo, la vida será amable contigo, pero si insistes en ser consecuente, la vida te va a maltratar mucho".

4. Ahorra tu dinero

El cuarto hábito de los millonarios que han amasado sus propias fortunas es ser *frugales*. Es algo sobre lo que ya hemos hablado: los millonarios cuidan su dinero. No se compran casas nuevas, en especial cuando van camino a la cima. Tampoco se compran una segunda casa, ni aeroplanos ni barcos. Ni siquiera se compran automóviles nuevos. Adquieren automóviles usados en buen estado, y el dinero que se ahorran lo invierten. Mantienen todo su dinero trabajando.

David Bach, autor de *El millonario automático*, popularizó lo que se llegó a conocer como "el factor latte". Según Bach: "En lugar de gastar cinco dólares diarios en un latte de Starbucks, bebe un café normal y guarda el dinero. Tendrás 25 dólares a la semana, 100 al mes, y si lo haces durante toda tu carrera e inviertes todo ese dinero en fondos mutualistas de calidad, llegarás a valer más de un millón de dólares". Cuida las pequeñas cantidades de dinero y éstas crecerán en poco tiempo.

Jugar con poca cosa

Hay una anécdota sobre una ocasión en que Warren Buffet estaba jugando golf y uno de sus amigos le dijo: "Warren, te apuesto mil dólares a que no puedes hacer llegar la bola al *green* desde aquí".

Apenas estaban comenzando y el *green* estaba lejos, pero habría sido posible hacer llegar la bola con un *swing*. Sin embargo, Warren vio la calle y dijo: "No, no es una buena apuesta".

Su amigo insistió: "Vamos, Warren, mil dólares son poca cosa para ti, es una bicoca".

Warren contestó: "Da lo mismo jugar con poca cosa que jugar con gran cosa. No es una buena apuesta y no voy a acceder".

Ésta es una gran reflexión: "Jugar con poca cosa, jugar con gran cosa". Es una de las principales razones por las que la gente se retira siendo pobre. Decídete desde hoy y deja de jugar con poca cosa.

5. Estudia todos los detalles

El hábito número cinco de los millonarios consiste en analizar cada detalle o gasto de las inversiones antes de tomar una decisión. Como les sucede a muchos, los errores más fuertes que he cometido se debieron a que no hice la tarea, no investigué lo suficiente, no verifiqué dos y tres veces la información antes de tomar una decisión financiera.

En cambio, las mejores decisiones de negocios que he tomado fueron precedidas por una investigación minuciosa. Tal vez la palabra más popular en los nuevos negocios de hoy es *validar*. Valida todo antes de invertir tu dinero o tu tiempo.

A los millonarios no les gusta perder dinero, es un asunto que les provoca emociones fuertes. Sienten que trabajan demasiado por lo que tienen, y la idea de perderlo por no hacer un análisis los irrita y los hace sentir muy tensos.

6. Ama ahorrar dinero

El sexto hábito de los millonarios se centra en la acumulación económica. Los millonarios siempre quieren generar una gran cantidad de dinero y luego conservarla. En una ocasión, un mentor muy adinerado me dijo: "No se trata de cuánto produces, sino de cuánto conservas".

La mayoría de la gente sólo desea "divertirse, divertirse y divertirse hasta que papi viene y les quita el juguete". Mi amigo Denis Waitley dice: "La gente en la cima se enfoca en objetivos, en tanto que la gente común invierte todo su tiempo en eliminar la tensión. Todo el día piensan en relajarse y divertirse, ver televisión y socializar con sus amigos.

"Los millonarios piensan a largo plazo y se concentran todo el tiempo en la acumulación de recursos económicos. Uno de los más grandes descubrimientos de todos los tiempos es la noción de que "uno se convierte en lo que piensa la mayor parte del tiempo".

Si de forma continua piensas en obtener y conservar dinero, y en la acumulación de recursos económicos, reunirás mucho más que si pasas el tiempo pensando en la manera en que gastarás tu dinero, los nuevos juguetes que comprarás y de qué maneras podrías divertirte.

7. Alta productividad

El séptimo hábito de los millonarios que han amasado sus propias fortunas es ser altamente productivos y aprovechar bien su tiempo. Ésta es una de las cualidades más importantes.

A veces le pregunto al público de mis conferencias: "¿Cuántas horas tiene el día de Bill Gates?", y siempre me responden: "Veinticuatro". Luego les pregunto cuántas horas tiene el día de ellos y de inmediato comprenden lo que les quiero decir.

No importa si eres la persona más rica o pobre del mundo, cuando te despiertas por la mañana tienes 24 horas nuevas, frescas, hermosas y deslumbrantes. Tú eres quien decide qué hacer con ellas. Todo es cuestión de prioridades.

La principal razón por la que las personas son improductivas es porque no establecen prioridades y, por lo tanto, no emplean su tiempo en las actividades más productivas.

Hay tres claves para formarse el hábito de la alta productividad:

Número uno: los millonarios y multimillonarios que no heredaron sus fortunas planean cada día con anticipación. No hacen nada a menos de que forme parte del plan.

Número dos: establecen prioridades claras para su tiempo. Analizan y se preguntan: "Si sólo pudiera hacer una tarea hoy, ¿cuál me produciría el mayor valor posible?, ¿qué actividad me permitiría contribuir más?" Y cuando tienen la respuesta, comienzan con esa tarea.

Número tres: los millonarios y multimillonarios se enfocan y se concentran en la manera más valiosa de ocupar su tiempo, todo su tiempo. Sólo aplica la regla de Warren Buffet: "Si no es la manera más valiosa de ocupar tu tiempo, sólo di: 'No'".

8. Nunca dejes de aprender

El octavo hábito de los millonarios es siempre aprender cosas e ideas nuevas. Leen, escuchan y aprenden sin cesar. La persona rica promedio lee entre dos y tres horas diarias, manteniéndose al día con la actualidad de su industria y adquiriendo nueva información. Lee uno o dos libros por semana. Lee revistas y gacetas. Descarga información sobre los sucesos más importantes en su área de trabajo y sobre todo lo que podría afectar su capacidad de ganar más dinero.

La gente rica ve muy poca televisión, menos de una hora diaria al día, y si llega a ver algo, lo hace a través de servicios de paga como Netflix para poder hacerlo en el momento que más le convenga.

Por desgracia, la gente pobre y sin éxito ve televisión unas cinco horas al día, y hay quienes ven siete u ocho. Lo primero que hacen al despertarse por la mañana es encender el televisor. También es lo primero que hacen cuando vuelven a casa por la noche.

The Wall Street Journal hizo una investigación sobre los hábitos de la gente en cuanto a la televisión y su relación con sus ingresos. Descubrieron que los más adinerados tenían sus televisores en habitaciones separadas de las salas y los comedores familiares. De hecho, la gente rica tiene que levantarse e ir hasta esa habitación para ver algún programa.

La gente pobre, en cambio, tiene en el centro de su hogar la televisión más grande que es capaz de adquirir, y la puede ver todo el tiempo. Tu televisor te puede volver rico o pobre. Si lo apagas te volverá rico. Recuerda que no hay nada peor que las horas perdidas, en especial, las que se pierden de manera ociosa. Si no pasas tu tiempo viendo televisión, tal vez hagas algo más productivo. Aprenderás más cosas, te involucrarás en actividades para tener buena condición física y, lo mejor de todo, pasarás más tiempo con tu familia. Disminuir la cantidad de horas que ves televisión y aumentar tu productividad y el tiempo que pasas con tu familia son los componentes de una fórmula simple para el éxito.

9. Haz más preguntas

El hábito número nueve de los millonarios y los multimillonarios es hacer muchas preguntas y escuchar las respuestas con atención. Dicen que Mark Zuckerberg, de Facebook, tiene una proporción preguntas/respuestas muy elevada: cinco a uno. Esto significa que cuando habla, pregunta cinco veces más de lo que da respuestas u órdenes. En sus fotografías, Zuckerberg se ve como un niño grandote y curioso. La gente que lo rodea dice que es un tipo asombroso, que siempre hace más y más preguntas perspicaces para ayudarle a la gente a reflexionar y tomar mejores decisiones.

¿Qué hace la gente que no tiene éxito? Nunca para de hablar. Dice lo primero que le viene a la cabeza e impone sus ideas sobre las otras personas y las interrumpe todo el tiempo.

10. Correr riesgos inteligentes

El hábito número diez de la gente con dinero es su disposición a correr riesgos para aumentar su riqueza. En la edición reciente de la revista *Forbes*, que incluía una lista de multimillonarios que amasaron sus propias fortunas, se explica que la razón principal por la que se volvieron ricos fue porque, a diferencia de sus amigos, estuvieron dispuestos a correr riesgos.

Esto no significa que tengas que saltar de un avión sin paracaídas o arriesgarte a lo tonto. Hay una antigua broma que lo explica: "Si la primera vez no tuviste éxito, entonces tal vez la caída libre no sea lo tuyo".

La gente adinerada está dispuesta a arriesgarse de forma inteligente. Corre riesgos calculados de una manera informada, con todo el conocimiento que puede adquirir sobre el tema. Estudia la situación con detenimiento antes de tomar una decisión o actuar. Siempre existe la posibilidad de fracasar, pero si haces tu tarea a fondo, puedes reducir el riesgo. Los millonarios y multimillonarios que no heredaron sus fortunas están dispuestos a correr riesgos aunque no haya garantía de éxito.

El hecho es que sólo se aprende a tener éxito cuando se fracasa; sólo se aprende de los fracasos. De hecho, me gusta decir que el fracaso no existe, sino que es retroalimentación.

TRES REGLAS PARA CORRER RIESGOS

En primer lugar, debes estar dispuesto a salir de tu zona de confort. La zona de confort es, posiblemente, el enemigo más fuerte del éxito. La mayoría de la gente llega a sentirse cómoda con la situación que vive y resiste la tentación de cambiar o de probar algo diferente. Para ser exitoso debes estar dispuesto a expandir tus horizontes e intentar algo nuevo, más desafiante o mejor de lo que has hecho hasta el momento.

En segundo lugar, enfócate en la oportunidad y no en la seguridad. La gente con dinero siempre está buscando oportunidades para ser, tener y hacer más. La gente común y corriente prefiere seguridad, la gente rica busca oportunidades.

En tercer lugar, la gente rica supervisa sus inversiones con detenimiento. No le gusta perder dinero; por eso pasa mucho tiempo pensando en cómo invertir y en la manera más inteligente de usar su patrimonio.

Capítulo 3

FORMARSE NUEVOS HÁBITOS

He escrito muchos libros y artículos sobre el tema de la formación de hábitos nuevos. Permíteme darte un par de ideas que puedes usar para desarrollar algunos de ellos. La regla número uno es elegir sólo un hábito a la vez, algo que te ayude a ser más exitoso. Si eligieras un solo hábito y trabajaras en él un mes hasta que se volviera automático, y luego eligieras un segundo hábito y lo desarrollaras, en un año tendrías 12 nuevos hábitos. Con estos nuevos hábitos, cuyo objetivo es ayudarte a ser una mejor persona, podrías transformar tu vida.

En cambio, si tratas de formarte más de un hábito a la vez, terminarías sin desarrollar ninguno. Trabajar en varios hábitos parece provocar un corto circuito cuando se trata de formarse por lo menos uno. Por eso debes elegir el que te ayudará a ser más exitoso.

COMIENZA POR LA PUNTUALIDAD

Decide ser puntual de hoy en adelante. Sólo 2% de la gente es puntual siempre porque no es sencillo. Se requiere de planeación y organización, necesitas salir temprano para llegar a todas tus citas. La puntualidad exige una planeación a largo plazo y exige disciplina. Cuando alguien es impuntual, todos se dan cuenta, por eso también parece que las oportunidades suelen presentarse sólo a quienes se han dado a conocer porque siempre llegan a tiempo.

Te daré una regla interesante que te puede abrir o cerrar puertas: "Nunca contrates a una persona que llegue tarde a una entrevista de trabajo". Llegar tarde de manera habitual indica una falla de carácter, no importa la excusa que dé la gente, si se quedó atorada en el tráfico, si no podía encontrar la dirección o si tuvo una emergencia en casa. Nada importa: si alguien llega tarde a una entrevista de trabajo, no lo contrates.

Imagina cuántas oportunidades de trabajo y de otro tipo se anulan en silencio porque alguien no salió unos minutos antes para llegar a tiempo a una reunión importante. No permitas que esto te suceda a ti.

Sólo decide llegar con puntualidad a todas tus citas en los próximos 30 días. Vince Lombardi, el connotado entrenador de futbol americano, es famoso por lo que se llama "*Lombardi time*" o "Tiempo Lombardi". El tiempo Lombardi significa 15 minutos más temprano. Es decir, si el autobús estaba programado para salir a las 10:00 a.m., en realidad tendría que partir a las 9:45. Si no llegabas temprano perdías el autobús y el juego. A partir de ahora practica el Tiempo Lombardi y llega 15 minutos antes a todas tus citas.

LA GRAN REGLA

Wolfgang von Goethe, escritor y filósofo alemán, dijo: "Todo es difícil antes de ser fácil".

Formarse nuevos hábitos es difícil, muy difícil, pero una vez que lo logras se vuelve automático y sencillo. Con el paso del tiempo es más fácil comportarse de manera congruente con el nuevo hábito, se vuelve algo instintivo.

Mi amigo Ed Forman solía decir que "es difícil formarse buenos hábitos, pero vivir con ellos es fácil. En cambio, formarse malos hábitos es fácil, pero vivir con ellos es difícil".

CREA UNA AFIRMACIÓN POSITIVA

Escribe tu nuevo hábito como si fuera una afirmación. Tienes que enunciarlo de la siguiente manera: "Siempre soy (puntual) y llego a tiempo a todas mis citas". Escríbelo de forma afirmativa, en presente y dicho en primera persona: "Todas las mañanas me levanto a las 6:00 a.m." Escríbelo en tiempo presente, como si ya fuera verdad.

Cuando escribes de esta manera y enuncias tu hábito con estas palabras, tu inconsciente lo acepta como una orden y empieza a ajustar tu comportamiento para que sea congruente con las nuevas instrucciones. Tu capacidad inconsciente de darte órdenes a ti mismo para formarte nuevos hábitos es una de las facultades más poderosas que posees.

REPROGRÁMATE PARA EL ÉXITO

Elige tres acciones que puedas realizar para formarte el nuevo hábito. Por ejemplo, una persona que desea despertarse más temprano podría comenzar por programar la alarma más temprano y dejar el reloj del otro lado de la habitación para que cuando se active, tenga que levantarse y llegar hasta donde éste se encuentra. Incluso podría programar las lámparas para que cuando la alarma se active, éstas se enciendan también.

Visualízate como si ya te hubieras formado el nuevo hábito. Crea una imagen mental de ti mismo con él. Imagina cómo caminarías, hablarías y actuarías. Dirige una película en tu mente y proyéctate con tu nuevo hábito.

Cuando te veas de esta manera, tu inconsciente creerá que ya estás haciendo lo que visualizas. Siempre que imaginas un nuevo comportamiento de manera recurrente, el inconsciente lo registra como una nueva acción y poco tiempo después se vuelve automático.

PRACTICA UN DISCURSO POSITIVO PARA HABLAR CONTIGO MISMO

Afirma y habla contigo como si ya te hubieras formado el hábito. Sé tu propio porrista. Di cosas como: "¡Vaya, me encanta ser puntual! Siempre soy puntual. Nunca llego tarde a una cita. Salgo de casa temprano para llegar a tiempo. Tengo una excelente reputación gracias a mi puntualidad. La gente me admira porque soy muy puntual. Me ven como un modelo a seguir".

Dicho de otra manera, habla contigo mismo como si ya fueras la persona que deseas ser en el futuro. Con el paso del tiempo llegarás a serlo y, en muchos casos, sucederá mucho antes de lo que esperas.

ACTÚA COMO SI YA TE HUBIERAS FORMADO EL HÁBITO

Otra manera de formarse un hábito nuevo es "actuar como si ya lo hubieras hecho". Cuanto más actúes de esta forma, y cuanto más visualices y afirmes tu nuevo comportamiento, más pronto lo programarás en tu inconsciente y se volverá automático.

Piensa en un hábito que te gustaría formarte y que, de preferencia, esté a tu alcance. ¿Qué hábito te gustaría empezar a practicar de inmediato? Elige algo razonable, algo en lo que puedas tener éxito.

Te hablaré de un interesante principio psicológico. Si eliges un hábito sencillo y lo practicas hasta que se vuelva sencillo y automático, tu confianza en ti mismo aumentará de forma dramática y eso te hará desear formar uno más. Poco después te fijarás como meta formarte hábitos positivos que jamás se te habrían ocurrido.

Escribe tres acciones que puedas realizar cada día para desarrollar o practicar tu hábito. Luego pregúntate cuál de ellas llevarás a cabo de inmediato para formarte el que más te pueda servir en este momento.

Capítulo 4

CÓMO PIENSA LA GENTE RICA

Esto nos lleva a toda una nueva corriente de pensamiento: cómo piensa la gente rica. Ésta es un área en la que se han realizado numerosas investigaciones y se ha descubierto que hay decenas de diferencias entre la gente rica y la gente pobre, entre la clase alta, la media y la baja. Como ya lo mencioné, uno se convierte en lo que piensa la mayor parte del tiempo.

Por eso, la manera en que te ves en tu interior define lo que eres en el exterior. Si piensas como los ricos, dentro de poco obtendrás los mismos resultados que ellos.

Cuando yo empecé a enseñar sobre los millonarios, emprendí una investigación que continuó durante mucho tiempo. Así encontré frases e ideas que luego usé como ejemplos, como la noción de que la gente rica tiene el hábito de hacer las cosas que a la gente pobre no le agradan. Entonces hay que preguntarse: ¿qué son esas cosas que a la gente pobre le desagrada hacer? Exactamente lo mismo que a la gente exitosa. ¿No te parece una gran frase?

La diferencia es que la gente rica hace esas cosas porque se da cuenta de que es el precio que hay que pagar a cambio de obtener éxito económico. Se levanta más temprano, trabaja con más empeño y se queda hasta tarde, estudia durante más tiempo y su crecimiento en el aspecto personal es continuo. A veces se sacrifica durante meses y años. Trabaja unas 60 o 70 horas a la semana. No es que en verdad le agrade hacerlo, pero sabe que es el precio que hay que pagar.

La gente rica tiene el hábito de hacer lo que a la gente pobre le desagrada.

EL PENSAMIENTO A LARGO PLAZO CONTRA EL PENSAMIENTO A CORTO PLAZO

La gente rica tiene tres maneras especiales de pensar. La primera es el pensamiento a largo plazo en lugar de a corto plazo. La gran mayoría de la gente, 80%, piensa en la inmediatez. Son personas que sólo piensan en la gratificación al momento, en la felicidad y la satisfacción instantáneas. Piensan en comer lo que se les dé la gana, en ver televisión y en socializar con sus amigos.

Uno de los mayores enemigos del éxito en la actualidad es el tiempo perdido en las distracciones electrónicas.

La gente se deja distraer por su celular, internet y las redes sociales. Además, no deja de enviar mensajes de texto todo el día. Se convierte en algo parecido a los niños que sufren de déficit de atención: no se pueden concentrar en una tarea y son improductivos. Una vez que inician, temprano por la mañana, las distracciones no dejan de presentarse a lo largo del día. ¿Por qué? Porque la distracción le provee a la gente cierta cantidad de placer.

El placer se produce gracias a una descarga de dopamina que libera el cerebro cada vez que recibes algún tipo de estímulo. Esta sustancia estimula los mismos receptores que la cocaína. Cuando respondes a una interrupción electrónica, a cualquier sonidito, zumbido o cancioncilla, se libera dopamina en tu cerebro y sientes una leve sacudida o descarga. Con el tiempo, la gente puede volverse adicta a la señal que se activa cada vez que recibe o envía un correo electrónico o mensaje.

En un estudio que se realizó hace poco, se descubrió que los universitarios revisaban sus cuentas de Facebook hasta 18 veces por hora. ¡Imagínate! Si te encuentras en un ambiente laboral típico, debes ser muy cuidadoso porque podrías revisar tu correo electrónico o tus cuentas de redes sociales entre 10 y 20 veces por hora. Si lo haces, estás acabado: nunca podrás terminar una tarea valiosa. Nunca podrás aprender o retener información, no podrás completar tus tareas más importantes porque todo aprendizaje exige periodos extendidos de estudio. Todas las tareas intelectuales valiosas exigen periodos extensos de trabajo concentrado, enfocado y arduo.

La mayoría de la gente piensa a corto plazo; es decir, busca una gratificación inmediata en lugar de retardada.

El doctor Edward Banfield investigó durante 50 años en la Universidad de Harvard y descubrió que el factor más importante para la movilidad socioeconómica ascendente (término sociológico de "volverse rico") era el pensamiento a largo plazo de la gente rica. Los ricos estaban dispuestos a realizar inversiones cuyo proceso podría durar entre tres o cinco años, más otros cinco años de espera antes de volverse rentables. No obstante, en los siguientes 10 años del proceso, esas mismas inversiones podrían producir millones de dólares.

Sólo piensa en lo que implica poner un restaurante. Podrían pasar unos dos o tres años durante el diseño, aprobación y permisos, e inversión. Luego, perfeccionar la logística de operación podría tomar aun más tiempo, y todo esto podría costar entre uno y cinco millones de dólares. Sin embargo, una vez que un restaurante de excelente calidad queda establecido y en operación, puede llenarse de comensales y generarles a los dueños decenas de miles de dólares.

Piensa en una fábrica para la que se requieren cinco o seis años de planeación, construcción y organización. Una vez que funciona, puede producir cientos o miles de productos capaces de generar ingresos.

Por todo lo anterior, debes pensar a largo plazo. La clave es muy sencilla: establece metas para cinco y 10 años a partir de ahora. Una de las cosas que me gusta sugerirle a la gente que se pregunte es: "Si tuviera una varita mágica para hacer que mi vida fuera perfecta en cinco años, ¿cómo sería? ¿Qué estaría yo haciendo y cuánto ganaría? ¿Qué nivel de vida tendría? ¿En qué tipo de casa viviría? ¿Para quién trabajaría? ¿Cómo sería mi salud?".

Siempre proyecta a cinco años. Ken Blanchard, autor de *The One Minute Manager*, le llama a esto la "fantasía de cinco años". Debes saber que la gente exitosa que piensa a largo plazo siempre proyecta a cinco años de distancia y está dispuesta a hacer sacrificios a corto plazo con tal de disfrutar de mayores recompensas en el futuro.

PENSAMIENTO LENTO CONTRA PENSAMIENTO RÁPIDO

La siguiente forma de pensar que aplica la gente rica es el pensamiento lento en lugar del rápido. Daniel Kahneman, neuropsicólogo ganador del Premio Nobel de Economía, escribió hace poco un libro llamado *Pensar rápido, pensar despacio*. Este libro se volvió un *best-seller* en todo el mundo gracias a una idea extraordinaria: existen dos tipos de pensamiento, el lento y el rápido.

El pensamiento rápido es intuitivo, automático, veloz e irreflexivo. Piensa, por ejemplo, en cuando estás manejando en medio del tráfico. Ahí estás pensando rápido. También cuando conversas con otros. El pensamiento rápido es apropiado para las actividades que realizamos todos los días.

El otro tipo de pensamiento es el lento. El pensamiento lento es en el que detienes el reloj, te tomas algo de tiempo y piensas con cuidado sobre lo que vas a decir o hacer, o sobre lo que necesitas decidir para el largo plazo.

La razón por la que ese libro es excelente es que detrás de él hay una reflexión extraordinaria de Kahneman: "El gran error de la gente es usar el pensamiento rápido cuando debería usar el pensamiento lento".

Por ejemplo, si quieres llegar a ser una persona de negocios exitosa, un millonario o un multimillonario, necesitarás contratar gente. Peter Druck dijo que las decisiones rápidas respecto a la gente suelen ser decisiones incorrectas. Actualmente, cada vez que hablo de esto con dueños o administradores de negocios, de inmediato empiezan a quejarse porque todos reconocen que entre los mayores errores que se cometen se encuentra el de involucrarse pronto con otros sin darse tiempo suficiente para reflexionar.

La palabra esencial aquí es *consecuencias*. Es una de mis palabras preferidas. He estudiado administración del tiempo durante 30 años y me encontré con ella en una etapa muy temprana de mi carrera.

La importancia de algo va en proporción directa con sus consecuencias serias en potencia. Es decir, lo que tiene mayores repercusiones es lo que exige pensamiento lento y a largo plazo.

Un ejemplo sería la carrera que elijas o la inversión que realizarás y de la que no podrás zafarte en unos cinco años. Otros ejemplos: la persona con la que te casarás, la empresa que piensas fundar, los productos o servicios que lanzarás al mercado. Es necesario realizar una reflexión profunda antes de tomar decisiones irrevocables, y esto exige pensar lentamente y a largo plazo.

PENSAMIENTO INFORMADO

La tercera forma de pensar que aplica la gente rica es el pensamiento informado en lugar del pensamiento desinformado. Es algo de lo que ya hemos hablado: la gente rica se esfuerza en obtener una gran cantidad de información sobre un tema antes de comprometerse con algo de forma irrevocable. Las personas pobres o sin experiencia deciden con muy poco conocimiento y, a veces, incluso sin él. En resumen, toman decisiones desinformadas.

De acuerdo con lo que hemos averiguado, entre más tiempo inviertas en reunir información antes de tomar una decisión a largo plazo, mejores resultados tendrás. A veces, al final del proceso, un simple dato podría hacerte cambiar de parecer respecto al camino a tomar.

Tómate tiempo suficiente para hacer la tarea y averiguar. Tómate tiempo para reunir todos los datos. Harold Geneen, uno de los agrupadores de negocios más importantes, dice que debes reunir toda la información. "Obtén los datos reales, no los que se dan por hecho o los que la gente quiere pensar que son ciertos. Los datos no mienten". Geneen dijo que si reúnes suficiente información, la decisión correcta aparecerá de la misma manera en que se forma la nata sobre la leche.

Capítulo 5

MÁS MANERAS DE PENSAR DE LA GENTE RICA: GANA MÁS

Hablemos de la manera en que habla la gente rica. En primer lugar, piensa en ganar más dinero todo el tiempo. Tal vez dirás que tú también piensas en ello, pero la verdad es que la mayoría imagina *tener*, no *ganar* más dinero.

Y entonces, ¿cómo ganas más dinero? Tienes que generar valor para alguien más. Puedes hacer ventas o alguna otra cosa que beneficie y enriquezca la vida de otras personas. Debes generar y ofrecer productos y servicios que mejoren la vida y la labor de otros. La gente exitosa está obsesionada con crear valor para otros porque esto le permite obtener comisiones, ya sabes que todos trabajan por comisiones. Por eso siempre hay alguien al acecho, en busca de una necesidad insatisfecha que podría satisfacerse a cambio de una ganancia. La gente exitosa piensa en esto todo el tiempo.

Richard Branson ha iniciado unos 82 negocios y casi todos han sido exitosos. Algunos fracasaron, pero en cada ocasión él fue muy estricto y analizó lo sucedido para no volver a cometer los mismos errores. A pesar de todo, tiene una enorme cantidad de negocios y se ha vuelto uno de los hombres más ricos del mundo. Un dato interesante es que Branson es disléxico, por lo que no puede leer muy bien ni seguir información; sin embargo, esto lo soluciona contratando a gente que sí puede hacerlo.

En una ocasión le preguntaron cómo podía emprender con tanto éxito y contestó: "Echar a andar y construir un negocio exitoso implica ciertos principios básicos. Es un poco como las matemáticas: dos y dos siempre da cuatro, ya sabes". También dijo: "Una vez que asimilas los principios básicos y construyes un negocio exitoso, puedes duplicar los principios una y otra vez en otros emprendimientos".

El factor que guía a Richard Branson y a otras personas ricas es pensar todo el tiempo en proveer valor a más gente y, así, ganar más dinero.

APALANCAMIENTO

El segundo factor en el que piensa la gente rica es el apalancamiento. Por desgracia, la gente común cree que la clave de la riqueza es el trabajo arduo. Es algo que se ve con mucha frecuencia en el ámbito político: tratan de destacar la idea de que la gente no puede avanzar si no trabaja con empeño, cuando la verdad es que no, no puede. Si sólo trabajas duro y ganas un cheque de nómina, lo llevas a casa y te gastas el dinero en vivir, en pagar renta, vestido, alimentos, etcétera.

Lo que tienes que hacer es acumular dinero, y para eso tienes que sacrificarte a corto plazo, ahorrar y evitar la gratificación inmediata. Luego tienes que invertirlo en algo para que te provea apalancamiento. El apalancamiento es la manera en que multiplicas el dinero; puede ser con la compra o la construcción de alojamientos para rentar, con el fin de que te produzcan suficiente dinero que cubra todos los gastos en los que incurriste, más una ganancia. Pero, por supuesto, para generar dinero necesitas dinero.

Aquí encontramos, sin embargo, una regla interesante: no tiene que ser *tu* dinero. Si demuestras que tienes la capacidad de usar recursos para convertirlos en efectivo, la gente se formará para darte lo que requieres.

En realidad, no hay escasez de recursos, sólo de ideas sobre cómo crear riqueza. ¿De qué forma podrías ahorrar y acumular dinero? ¿Cómo demostrarles a otros que eres un riesgo que vale la pena, que puedes apalancar y luego invertir en algo que te genere más y más dinero?

LA EXPERIENCIA PRÁCTICA FUNCIONA

La tercera cosa que piensan los ricos es que las ideas y la experiencia práctica son la clave del éxito. La gente común piensa que la educación formal es la clave, pero te interesará saber, por ejemplo, que en 2014, 54% de los graduados universitarios seguía desempleado a pesar de haber egresado dos años atrás. Alrededor de 80% de los graduados universitarios nunca ha trabajado en el área de la que se graduó y nunca lo hará.

La mayor parte de lo que se enseña en las universidades no incluye formas de generar más valor y hacer más dinero. Se enseñan materias prácticas, pero mucha gente está convencida de que si se gradúa ganará mucho dinero.

Es cierto que los que cuentan con una mejor educación ganan más dinero, pero sólo porque lograron demostrar que tienen la inteligencia necesaria para encontrar maneras de generar valor.

Pero entonces, ¿cuáles son las ideas prácticas y experiencias que necesitas para alcanzar el éxito? Ésta es una pregunta que siempre le hago al público de mis conferencias: "Si tuvieras una varita mágica y pudieras ser excelente en una habilidad, ¿cuál te ayudaría a duplicar tu ingresos?".

Parece increíble, pero la mayoría sabe de qué habilidad se trata; si tú no, debes averiguarlo. Pregúntale a tu jefe, a tus amigos, tu cónyuge o tus compañeros de trabajo.

"Si yo fuera de verdad bueno en algo, ¿qué habilidad me ayudaría más a aumentar mi ingreso?, ¿a ser más valioso y a contribuir más?". Cualquiera que sea esta habilidad, establécela como meta y empieza a planear cómo desarrollarla todos los días.

Una de las reflexiones que cambió mi vida en un momento coyuntural, a los 24 años, fue que uno puede aprender todo lo que necesite para alcanzar cualquier meta que se haya fijado. Puedes aprender cualquier cosa que necesites para ganar más dinero. Toda la gente que gana más dinero ahora, antes ganaba menos.

A veces le pregunto al público de mis conferencias si le gustaría duplicar sus ingresos. Todos responden que sí. Entonces les digo que si quieren duplicar sus ingresos tienen que encontrar a alguien que gane lo doble que ellos, averiguar lo que esa persona hizo y lo que hace ahora, y luego imitarla. Recuerda que toda la gente que gana el doble que tú ahora, en algún momento ganó la mitad, pero luego empezó a hacer algo de manera distinta y ahora gana el doble. ¿Qué debes hacer una vez que hayas aprendido a duplicar tus ingresos? Aprende a duplicarlos de nuevo, y luego otra vez.

El ingreso de la persona común en nuestra sociedad aumenta alrededor de 3% al año, es decir, apenas por encima de la tasa de inflación. En cambio, el ingreso de la gente rica, la que se encuentra en el 20% superior, goza de incrementos de alrededor de 11% al año. Esta diferencia se explica en un estudio realizado en la Universidad de Chicago por Gary Becker, economista ganador del Premio Nobel. Becker descubrió que la gente en el 80% inferior no aumentaba ni su conocimiento ni sus habilidades, sólo se mantenía avanzando en punto muerto. La gran tragedia es que cuando uno avanza en punto muerto, al llegar a una pendiente sólo desciende cuesta abajo.

La gente en el 20% superior siempre está aprendiendo y poniendo al día sus habilidades. La gente en el 10% superior aumenta su ingreso entre 15 y 20% al año, y los que están en el 5% lo aumentan 25% o más.

Ahora bien, si perteneces al 5% de la gente que aprende y gana, duplicarás tus ingresos cada 18 meses, y 18 meses después volverás a hacerlo. Esto se logra al aumentar el valor e incrementar tu capacidad de proveerle valor a la gente que esté dispuesta a pagar por ello.

¿Cómo podrías apalancar tus habilidades, tus recursos económicos y tus relaciones para aumentar tu capacidad de ganar dinero? ¿Cómo podrías apalancar lo que tienes ahora?

PENSAMIENTO ENFOCADO EN LA CREACIÓN DE DINERO

En cuarto lugar, la gente rica piensa en actividades que le generen ingresos. La gente común piensa en actividades recreativas y de diversión, en socializar los fines de semana y ver eventos deportivos.

La gente exitosa siempre piensa en actividades que le permitan generar recursos. "¿Qué puedo hacer para obtener dinero?", se preguntan. Disfrutan de la idea de crear valor y hacer dinero.

¿Cuáles serían las actividades más rentables en las que te podrías involucrar? ¿Qué podrías hacer para ganar más?

Te daré un ejemplo muy sencillo. En uno de mis seminarios conocí a una pareja muy interesante, ambos tenían buenos ingresos. Unos años antes se inscribieron en un seminario de fin de semana llamado "Cómprala y repárala", en el que aprendieron a buscar casas que se ofrecieran a bajo precio en relación con el mercado porque necesitaban reparaciones. La pareja ofrecía poco dinero y negociaba el precio más bajo y, de ser posible, también trataba de cerrar el trato sin tener que dar un enganche. Luego le ofrecían al vendedor pagarle en cinco o 10 años, dependiendo de su patrimonio, y aplicar una tasa de interés baja. A menudo conseguían las casas sin tener que pagar nada de entrada.

Luego pasaban las noches y los fines de semana trabajando en las reparaciones y el paisajismo. Hay varias renovaciones que te pueden producir cinco o incluso 10 dólares por cada dólar que inviertas, suelen comenzar con las de la cocina y los baños.

Al terminar, rentaban la casa por una cantidad que, además de pagar de sobra lo que pagaron por su primera y su segunda hipoteca con el dueño anterior de la casa, les generaba una ganancia sobre lo invertido. Y seguían adelante.

En cada ocasión, aumentaban el valor de la propiedad en unos 50 mil dólares. Me contaron que la primera vez les tomó seis meses llegar al punto en que pudieron rentar la propiedad, la segunda vez les tomó cuatro meses y la tercera sólo tres.

Un par de años después ya compraban, reparaban y rentaban una casa al mes. ¿Cuánto tiempo crees que les tomará volverse millonarios y luego multimillonarios sin gastos añadidos? Es decir, como los inquilinos pagan todos los gastos y eso les genera un flujo de efectivo cuantioso, cualquier banco de la ciudad les daría el dinero necesario para seguir comprando casas.

Tal vez te parecerá que suena simple porque, de hecho, lo es. ¿Sabes que esta técnica ha sido una de las fuentes más abundantes de riqueza en Estados Unidos y otros países durante 100 años? Es algo que tal vez podrías hacer tú mismo mañana si estuvieras dispuesto a sacrificar tiempo y dinero, y a salir a buscar casas hasta encontrar una que sirviera para el proyecto. Tu capital es tu trabajo y tu sudor; más que económico, es un capital físico, pero te permite construir una operación de forma gradual.

¿Es algo fácil? No. Te podría tomar hasta un año encontrar la manera correcta de hacer las cosas con tu primera casa. Sin embargo, todo será mucho más rápido con la segunda y aún más con la tercera. En estos proyectos la gente hace algo que le encanta y, de paso, obtiene bastante dinero.

La gente común realiza trabajo que no le agrada y piensa que ese es el precio que hay que pagar por sobrevivir. A la gente rica le fascina trabajar. De hecho, cuando no lo hace, sólo piensa en ello. Los ricos se levantan temprano por la mañana porque quieren empezar sus labores de inmediato.

Hay una manera muy sencilla de saber si serás rico o no: es la prueba del reloj. En esta prueba se te pregunta qué significa el reloj para ti. La gente rica contesta que es algo contra lo que corren. Quieren trabajar, completar una gran cantidad de tareas y seguir adelante. Quieren hacer un mejor trabajo, pero el reloj no deja de hacer "tictac" y de limitar el tiempo que tienen para seguir con sus tareas. Siempre compiten contra él.

¿Qué piensa la gente pobre del reloj? Que es su enemigo. ¿Por qué? Porque sólo está ahí enfrente diciéndoles cuándo deben comenzar a trabajar, cuándo se pueden ir a casa y cuánto durarán sus descansos para tomar un café o salir a comer.

Ya sabes lo que dicen algunos: "Sentí como si el reloj se hubiera detenido". Alrededor de las tres de la tarde muchos empiezan a mirar el reloj porque esperan que les diga a qué hora pueden terminar e irse a casa, que es lo único que les interesa. De hecho miran el reloj todo el día. Es gente sin futuro.

Si tú haces lo que amas, sólo compites con el reloj, quieres seguir con lo que disfrutas y obtener resultados, el reloj te hace sentir exitoso y feliz. Ahora piensa, ¿cómo te sientes respecto a tu trabajo?

Yo he descubierto que siempre hay un trabajo "correcto" para cada quien. Tal vez haya más de uno. Naciste con habilidades, talentos y capacidades especiales que forman un conjunto único que nadie más posee. Tienes una combinación exclusiva de experiencias. Por esta razón, tu tarea y tu mayor responsabilidad en la vida es encontrar el lugar perfecto para ti.

Yo he dirigido grandes empresas, he sido administrador, y mucha gente me ha contactado en busca de empleo. Recuerdo a un individuo que fue a verme a la oficina, como de treinta y tantos años. Tenía buena condición física, vestía bien, era bien parecido y también era obvio que contaba con una buena educación. Me dijo que sólo buscaba a alguien que lo contratara, lo ayudara, lo guiara y le ayudara a ser exitoso; una especie de *coach*, consejero y mentor dispuesto a trabajar con él algunos años.

Entonces le dije: "Buena suerte. Cualquiera que tenga el nivel necesario para hacer eso seguramente está demasiado ocupado haciendo lo que le agrada como para tomarlo a usted de la mano y consentirlo. Todo el tiempo veo a gente que me dice: 'Por favor, acépteme y muéstreme el camino para hacer lo correcto, tener éxito y ser feliz'. Yo les contesto: 'Ésa es responsabilidad suya, es un adulto, tiene la obligación de encontrar a un gran maestro espiritual con el que se sienta como en casa'. Usted tiene que encontrar su verdadero lugar, para el que está destinado; un lugar al que pueda integrarse de forma natural como una llave en la cerradura correcta. Cuando encuentre ese lugar, en unos cuantos meses o años progresará más de lo que mucha gente progresa en toda su vida".

Sólo piensas en el reloj. ¿Tienes deseos de levantarte por la mañana? ¿Te urge empezar a trabajar? ¿Odias salir de la oficina? ¿Te encanta trabajar por las noches y los fines de semana?

La gente más exitosa que conozco tiene que practicar la disciplina de no trabajar. Como les fascina lo que hacen, tienen que forzarse y luchar consigo mismos para no continuar laborando. El trabajo les brinda demasiada felicidad y satisfacción.

TRABAJO EN REDES O *NETWORKING*

Otra de las cosas en que piensa la gente rica es en conocer constantemente a gente nueva y extender sus relaciones profesionales. La gente común y corriente, en cambio, siempre se relaciona con las mismas personas en la oficina, al salir de ésta y los fines de semana. Luego regresa a casa a ver televisión.

Seguramente ya conoces el concepto de *networking* o trabajo en redes. De hecho, es una de las cosas más valiosas que puedes hacer, salir de casa y reunirte con la gente en persona. En la actualidad se habla mucho sobre este concepto, algunos decimos que el trabajo en redes se debe hacer fuera de ellas.

La gente no puede establecer relaciones profundas y valiosas a largo plazo si sólo comparte información fragmentada y fotografías de ida y vuelta en internet. Las relaciones sólo se pueden desarrollar reuniéndose en persona y mirando a los ojos a quien te podría ayudar, y a aquellos por quienes tú también puedes hacer algo.

¿Con qué tipo de gente debes relacionarte? ¿Quiénes, en tu industria o campo laboral, tienen algo que ofrecerte? ¿A quiénes puedes ofrecerles algo? Pronto descubrirás que la gente más exitosa es la que asiste con frecuencia a las reuniones de la Cámara de Comercio, de las asociaciones de bienes raíces, los clubes de negocios, los Rotarios, los Kiwanis, el Club Leones, etcétera. Estas personas se mueven de manera constante, se reúnen con gente nueva y le preguntan sobre lo que hace. Toma en cuenta que todas estas organizaciones están en busca de nuevos miembros.

La regla, sin embargo, indica que sólo debes unirte a una o dos organizaciones, con eso basta. Ve a un par de reuniones y ve cómo te sientes en el lugar, ve si te agradan la organización y la gente. Un par de veces me ha sucedido que pienso en inscribirme en una organización, pero después de asistir a un par de reuniones me doy cuenta de que no me interesa en realidad. La gente es aburrida o poco interesante, o tal vez los temas en que se enfoca no me llaman la atención.

Busca una asociación o grupo conformado por gente que se dedique a los temas que te interesan. Una vez que te hayas inscrito, averigua cómo funciona el grupo. Recuerda que cada asociación tiene sus propias reglas y comités. Infórmate sobre quiénes conforman los comités y qué hacen; luego ofrécete como voluntario.

Cuando empieces a trabajar con otras personas, en lugar de tratar de ver qué pueden hacer por ti identifica las oportunidades que tienes de hacer algo por ellas. Preséntate como voluntario y ayuda en un comité específico.

Hace muchos años me preguntaron si me interesaría participar en la asociación filantrópica Community Chest. Es un grupo que solicita dinero a distintas fuentes y luego lo reparte y lo entrega a diversas causas valiosas de la comunidad. Decidí participar ofreciendo mis servicios como conferencista para ayudarles en las áreas de ventas, *marketing* y desarrollo personal.

Gracias a eso entré en contacto e interactué con aproximadamente 16 de los empresarios y líderes más importantes de la comunidad: gente a la que jamás habría podido contactar de otra manera porque era muy joven y apenas empezaba mi carrera. Y sin embargo, de pronto ahí estaban: presidentes y vicepresidentes de organizaciones importantes que se habían reunido para trabajar en ese proyecto de caridad durante un periodo de seis meses. Trabajé con mucho ahínco con ellos y luego, los siguientes cinco años, también hicimos negocios juntos. Todo eso sucedió gracias a que tuve la oportunidad de interactuar con ellos, de hacer sugerencias, generar empleos, obtener resultados y reportarles de vuelta. Empezaron a notarme y eso permitió que, más adelante, me contrataran para dirigir una empresa de desarrollo de 265 millones de dólares, lo cual cambió mi carrera por completo.

La otra cuestión es que cuando trabajes en redes con otros, en lugar de buscar qué provecho puedes obtener, identifica qué beneficios puedes proveerles tú. Pregúntales qué tipo de trabajo realizan, todos te explicarán con detalle. Luego pregunta qué necesitarías saber para referirles un cliente.

Una de las mejores cosas que puedes hacer en los negocios para generar buena voluntad es enviarles clientes a tus nuevos conocidos. Incluso si el cliente no compra, le agradarás más a tu conocido, te respetará y querrá realizar un acto recíproco, te enviará un cliente. Siempre pregunta qué puedes hacer por ellos.

Napoleon Hill dijo que pasamos de la era del individuo ambicioso y capaz de todo por ganar, a la del individuo altruista, interesado en ayudar a otros. Por esta razón, cada vez que conozcas a alguien pregunta qué puedes hacer por él o ella. Pregúntate cuáles de tus recursos disponibles podrían serle útiles para su labor.

Cuando conozcas a alguien, vuelve a casa y piensa de qué manera puedes ayudarle. Tal vez sea enviar un libro, un artículo, o simplemente un correo electrónico para expresar lo contento que estás de conocer a esa persona y lo mucho que te agradará encontrarte con ella de nuevo.

Recuerda que si siembras muchas semillas, algunas de ellas germinarán y crecerán. A veces, alguien a quien conoces en un evento de *networking* o en una asociación puede ser la persona que cambie tu vida. En general, 85% de las nuevas oportunidades de trabajo surgen porque alguien presenta a dos personas. Casi no sucede a través de los anuncios de empleo, del envío de una solicitud de trabajo o de una entrevista. Es más bien algo que sucede porque alguien conoce a una persona que puede abrirle una puerta a alguien más.

Ésta es la regla: cuantas más relaciones establezcas, cuanta más gente conozcas, y cuanta más gente te conozca a ti en un entorno positivo, más oportunidades tendrás y más rico te volverás.

Hace algunos años conocí a un joven que acababa de mudarse a la ciudad y no conocía a nadie. Un año después, cuando lo reencontré, ya había aparecido en artículos del periódico con fotos y citas de sus comentarios. Le pregunté cómo había pasado de no conocer a nadie a que los periódicos hablaran de él todo el tiempo. "Nunca volvía a casa por la noche. Por lo menos cinco días a la semana salí a buscar asociaciones o a participar en reuniones. Siempre salía a comer o a cenar con algún contacto potencial. Trataba de estar todo el tiempo fuera, hablaba con otros y buscaba maneras de ayudarlos."

En un año pasó de ser literalmente un don nadie, salido de quién sabe dónde, a ser una de las personas más respetadas de su comunidad. Le llegaron ofertas de empleo y de inversión. Todavía recuerdo lo asombroso que fue, su filosofía era muy simple: salir y mezclarse en lugar de volver a casa después de trabajar a ver televisión.

CREER EN LA CALIDAD

El séptimo aspecto en que la gente rica cree es en la importancia de un desempeño excepcional y del trabajo de calidad como la clave del éxito. Las personas comunes creen que un empleo seguro es el secreto de la seguridad financiera. La gente rica, en cambio, piensa que para triunfar hay que ser verdaderamente bueno en lo que uno hace. Siempre se asegura de poner al día y mejorar sus habilidades para desempeñar su labor de una manera excelente.

Los ricos creen que un trabajo de calidad siempre está por encima de todo lo demás, y que la gente lo recordará y hablará sobre él, y eso es cierto. Hay muy pocos ricos que no cuentan con una buena reputación respecto a su desempeño, ya que suelen ser los mejores en su ramo.

No tienes que ser el número uno, sólo tienes que desempeñarte muy bien en lo que haces. Pregúntate: "¿Por qué eres famoso entre la gente?" Si dos personas que te conocen hablaran sobre ti, ¿qué dirían respecto a tus habilidades y la calidad de tu trabajo? ¿Cómo te describirían? ¿Cómo te gustaría que se expresaran de ti en algún momento en el futuro?

Tal vez llegues a notar que la gente describe a los exitosos como personas que son muy buenas en lo que hacen, que son excelentes, que son el tipo de empleados que cualquiera querría contratar. Son los profesionales a quienes uno debe acudir si se tiene cualquier tipo de necesidad. Sus servicios son más costosos, pero valen muchísimo más que la ligera diferencia en precio en relación con sus competidores.

¿En qué habilidades necesitas ser de verdad bueno para hacerte de una reputación como profesional que ofrece trabajo de alta calidad y que siempre tiene un desempeño excelente? Dedícate a ser muy bueno en lo que haces, necesitas que la gente diga: "Muchos hacen esto, pero esa persona es la mejor".

Capítulo 6

LOS SIETE PUNTOS BÁSICOS DEL ÉXITO EN LOS NEGOCIOS

Hablemos ahora de los siete pasos básicos para el éxito en los negocios. Verás, el éxito financiero suele basarse en iniciar, construir o administrar un negocio, o incluso en transformar uno fallido. Digamos que 90% de los millonarios y los multimillonarios echó a andar un negocio o empezó a trabajar para uno cuando era pequeño y se quedaron ahí durante su crecimiento. La mayoría obtiene su dinero a través de un negocio de algún tipo y tú también puedes hacerlo.

1. El primer punto, del que ya hablamos, es "encontrar una necesidad y satisfacerla". ¿Qué desea, necesita y valora la gente? ¿Por qué está dispuesta a pagar? El éxito en los negocios es resultado de servirles a los clientes proveyéndoles productos y servicios que

desean y necesitan, y que pueden modificar y mejorar su vida o su trabajo de cierta manera.

¿Cuál es la mayor necesidad que podrías satisfacer para tus clientes? ¿Cuál es el mayor problema que podrías resolverles? Recuerda que dijimos que debes encontrar un gran problema que afecte a mucha gente y luego resolverlo de una manera distinta y original.

2. El segundo punto básico para el éxito es comprender que "el propósito de un negocio es crear un cliente y conservarlo". El propósito no es la rentabilidad. La rentabilidad es el resultado de generar y conservar clientes a un costo menor que el que implicaría adquirir nuevos clientes y servirles. Toda la gente que tiene éxito en los negocios piensa en la creación de clientes, en qué puede hacer para interesarles a otros y hacerlos acercarse y adquirir sus productos y servicios. Saben que si hacen esto bien, con la frecuencia suficiente, y a un costo adecuado, tendrán ganancias. ¿Cómo puedes crear y conservar clientes en tu campo de trabajo? Siempre pregúntate si hay una mejor manera de hacerlo, casi siempre es posible superar lo que estás haciendo.

3. El tercer punto básico del éxito en los negocios es que nada sucede hasta que no llevas a cabo una venta.

Peter Drucker dijo: "No hay resultados en el interior del negocio, todos se dan en el exterior. Suceden afuera, dondequiera que esté el cliente".

A mí me asombra ver la cantidad de tiempo que mucha gente que hace negocios pasa en su oficina enviando correos electrónicos y tratando de que otros le compren, en lugar de salir a la calle, reunirse con clientes en la vida real y preguntarles qué desean para después mostrarles que su producto o servicio puede proveerles justo eso.

Hace tiempo trabajé con una excelente empresa de cerca de 2 mil millones de dólares y con 4 mil empleados a nivel nacional. Todo empezó en una mesa de cocina. El ahora presidente trabajaba con otros dos individuos que se dedicaban a las ventas. Los acababan de despedir porque la compañía para la que trabajaban quebró. Decidieron fundar una empresa y hacer lo mismo que ya hacían, sólo que mejor, y se entregaron por completo al proyecto. Actualmente, el presidente de la empresa viaja en avión privado y es muy rico.

Le pregunté cómo describiría su trabajo y me contestó que era: "Vendedor en jefe". "¿Vendedor en jefe?", pregunté. "Sí —contestó—. Cuando me senté con mis socios en aquella mesa de la cocina estuvimos de acuerdo en que yo sería jefe de ventas, no sólo gerente de ventas: también me dedicaría a vender personalmente. Desde ese día, y hasta la fecha, lo único en lo que pienso es en vender."

Ahora comprenderás por qué tuvo tanto éxito. Su empresa contaba con 600 vendedores que trabajaban en todas las comunidades importantes de Estados Unidos y Canadá, y lo único en que pensaban todo el día era vender.

4. El cuarto punto esencial del éxito es que sólo hay cuatro maneras de incrementar las ventas en cualquier negocio. La primera consiste en hacer más ventas individuales, es decir, encontrar más clientes individuales. La segunda forma es venderle más a cada cliente. La tercera es venderle con más frecuencia a cada cliente. A menudo, esta manera te permite tener un éxito fuera de serie. La cuarta manera consiste en ofrecerle a cada cliente productos o servicios nuevos, diferentes y mejores. Éstas son las cuatro formas.

¿Cómo puedes hacer más ventas individuales? ¿Cómo realizar transacciones más fuertes, comprar más, convencer a tus clientes de gastar más o venderle nuevos productos a cada uno? ¿Cómo lograr que los clientes vuelvan con más frecuencia? Algunas de las empresas más exitosas del mundo son las que cuidan tan bien a sus clientes que éstos vuelven una y otra vez y, además, traen a sus amigos. Por último, ¿qué nuevos productos o servicios podrías ofrecerles a tus clientes a la par de tu línea actual? ¿Qué más desean o necesitan y comprarán en otro lugar si tú no se los provees?

5. El quinto punto básico es que sólo hay cuatro maneras de modificar o mejorar los resultados de tu negocio. La primera es hacer ciertas cosas más. Tienes que preguntarte qué deberías hacer más para aumentar tus ventas y rentabilidad.

La segunda manera es hacer ciertas cosas menos. Si quisieras tener más tiempo para hacer lo que te genera más ventas y rentabilidad, ¿qué tendrías que hacer menos? ¿A qué tendrías que negarte, o a qué actividades tendrías que dedicarles menos tiempo?

La tercera manera de cambiar o mejorar tu negocio es comenzar a hacer algo nuevo o diferente. Es lo más difícil. Iniciar una actividad nueva o distinta es algo en verdad complicado. ¿Qué necesitas empezar a hacer? ¿Qué no estás haciendo ahora? Necesitas salir de tu área de confort, ¿en qué aspecto? Hacer algo nuevo o diferente implica riesgos porque, aunque existe la posibilidad de éxito, nada es seguro.

En una ocasión, un joven periodista le preguntó a Thomas J. Watson Sr., fundador de IBM, cómo podría ser más exitoso en menos tiempo. Watson le contestó: "Si quieres ser más exitoso en menos tiempo debes duplicar tu índice de fracaso. El éxito se encuentra al otro extremo del fracaso. Si no fracasas con la frecuencia suficiente, no te estás acercando al éxito con la velocidad necesaria".

La cuarta manera de cambiar o mejorar es dejar de hacer ciertas actividades por completo. Nosotros descubrimos que hay ciertas cosas que haces que, de haber reflexionado, no habrías comenzado en primer lugar. Necesitas preguntarte qué debes dejar de hacer para tener más tiempo para otras actividades.

6. Esto nos lleva al sexto punto básico del éxito: practicar el pensamiento en base cero en todas las áreas. Éste es una de las grandes herramientas de la gente rica y exitosa. Tienes que preguntarte lo siguiente: "¿Hay algo que estés haciendo que, sabiendo lo que ahora sabes, no volverías a emprender?"

A veces, a este análisis le llamo "Lo que ahora sé". Debes aplicarlo a tus relaciones también. ¿Tienes alguna relación de negocios o personal en la que, al conocer lo que ahora sabes, no te volverías a involucrar si tuvieras que empezar de nuevo?

Cuando trabajo con gerentes, siempre les pregunto: "¿Hay alguien que trabaje para ustedes que, al tener en cuenta lo que ahora saben, no volverían a contratar? ¿Alguien a quien, si volviera a entrar por la puerta y solicitara el empleo que ahora tiene, no volverían a aceptar porque ya conocen su nivel de desempeño?". Si la respuesta es positiva, lo siguiente que les pregunto es cómo se desharían de esa persona y qué tan rápido podrían hacerlo.

La segunda área en que puedes aplicar el pensamiento en base cero es la de las actividades de negocios. ¿Hay algo que hagas en tu negocio que, sabiendo lo que ahora sabes, no volverías a emprender? ¿Hay productos que, sabiendo lo que ahora sabes, no volverías a lanzar al mercado? ¿Hay procesos de negocio, métodos o actividades que no volverías a implementar? ¿Gastos en los que no volverías a incurrir? Si hay algo que no volverías a iniciar, lo siguiente que debes preguntarte es: "¿Cómo me salgo de esto y qué tan rápido puedo hacerlo?" Dale punto final de inmediato, termina con las pérdidas lo más pronto posible.

La tercera área en la que debes aplicar el pensamiento en base cero es el de la inversión de tiempo, dinero y emoción. Los seres humanos detestan perder cosas, de hecho, el miedo a la pérdida es dos o tres veces mayor que el deseo de obtener algo. Siempre nos desagrada admitir que invertimos demasiado tiempo en algo que no funcionó; por eso continuamos haciéndolo y le sumamos tiempo bueno al malo. Dinero bueno al malo. Tratamos de recuperar el tiempo perdido al invertir más cuando lo que deberíamos hacer es detenernos de inmediato. Tal vez hayamos invertido demasiado dinero en un proyecto, producto o inversión, pero, sabiendo lo que ahora sabemos, no lo volveríamos a hacer.

La única pregunta que queda por hacer es: "¿Cómo te sales y qué es lo más rápido que puedes hacerlo?"

Por último, también es posible invertir emoción. Invertimos emoción en otra persona, en una carrera o en un proyecto. Yo la pasé muy mal cuando animé a varios de mis amigos a entrar conmigo a un negocio que no funcionó. Me sentí terrible al respecto, pero luego me di cuenta de que a mis amigos no les importaba tanto. No obstante, la sensación de involucrarte e involucrar a otros puede llevarte a continuar a pesar de que en algún momento llegues a comprender que, si tuvieras la oportunidad de empezar de nuevo, no volverías a participar en ese proyecto.

Te daré un ejercicio. Pregúntate qué acción comenzarás de inmediato tras haber respondido a las preguntas de la prueba "pensamiento en base cero". Si tomas en cuenta lo que ahora sabes, ¿qué dejarás de hacer por completo y jamás volverías a emprender?

1. El séptimo punto básico que debes comprender es que el cambio es el factor más determinante en el éxito de tu negocio. En la actualidad hay tres factores que promueven el cambio. El primero es el conocimiento, el

cual aumenta diariamente en todas las áreas. Un conocimiento específico puede transformar tu negocio, los mercados y a tus clientes por completo.

El segundo factor es la tecnología, la cual afecta y cambia a industrias completas de la noche a la mañana. Cada nuevo avance tecnológico llega a manos de alguien y se multiplica debido a otros avances tecnológicos. Crecen más rápido de lo que jamás habríamos imaginado.

El tercer factor de cambio es la competencia. Tus competidores están mejor calificados y se muestran más decididos y agresivos que nunca. Pasan las 24 horas del día pensando en cómo arrebatarte los clientes, en ofrecerles mejores productos y servicios, y en hacerlo de una manera más rápida, económica, sencilla y conveniente para mejorar su vida y su trabajo.

Mi ecuación indica que el Conocimiento (c), multiplicado por la Tecnología (t), y multiplicado por la Competencia (c), da como resultado el IDC: Índice de cambio. El día de mañana, ¿el IDC será más rápido o lento? En realidad, el IDC se mantiene en aceleración en todas las áreas y nunca disminuirá la marcha. Cuando una situación varía, tu capacidad de aceptarla, adaptarte, hacer ajustes, seguir la corriente y actuar de manera diferente a la acostumbrada será fundamental para triunfar.

Por eso debes preguntarte: "Si no hiciera las cosas de esta manera, y al saber ahora cómo aumenta el índice de cambio en la información, la tecnología y la competencia, ¿cómo las haría?"

Otras preguntas que debes hacerte: ¿Qué efectos tienen en tu negocio estos factores de cambio? ¿Cómo afecta tu negocio la explosión de información y conocimiento? ¿Dónde se produce esta explosión y qué modifica? ¿Te mantienes al día? ¿Cuáles son los cambios tecnológicos que afectan a tu negocio en la actualidad? De manera general, ¿qué está haciendo tu competencia respecto al cambio? Hay muchos libros sobre este tema y también se imparten cursos de varios semestres sobre estrategia y ventajas competitivas en universidades renombradas.

En los negocios siempre tienes que mirar por encima del hombro para ver lo que hacen o lo que podrían hacer tus competidores. ¿Recuerdas cuando Apple lanzó el primer iPhone en 2006 y Blackberry lo ignoró porque le pareció que era sólo un juguete? "Nadie quiere aplicaciones —dijeron—, es sólo una moda pasajera". Nokia también ignoró al iPhone. Ambas empresas perdieron una cantidad enorme de su participación en el mercado casi de la noche a la mañana. ¿Qué cambios se están operando en el panorama de tu industria y entre tus competidores? ¿Qué harás para adaptarte rápidamente?

Charles Darwin dijo que la competencia por la supervivencia no la gana ni la más fuerte ni la más inteligente de las especies, sino la que posee una mayor capacidad de adaptación. Esta noción también aplica para ti y para mí.

Capítulo 7

LOS SIETE HÁBITOS DE LOS NEGOCIOS DE ALTA RENTABILIDAD

A lo largo de muchos años, se han realizado estudios en miles de negocios de todo el mundo con el objetivo de determinar los factores que predicen de mejor manera el crecimiento y la rentabilidad. Éstos son los siete principales:

1. Las empresas más exitosas y rentables ofrecen productos y servicios de alta calidad. Quien define lo que es alta calidad es el cliente. También define el valor. Walmart, por ejemplo, es la operación más grande e importante de venta al menudeo del mundo. Sus clientes son el tipo de gente que vive de una quincena a la siguiente. ¿Qué es lo que ellos consideran valioso? ¿Cuál es su definición de calidad? Para ellos, el valor y la calidad implican una amplia selección de productos garantizados a precios bajos todos los días.

Esto es lo que hace de Walmart la operación más grande de venta al menudeo de todos los tiempos.

Tiffany & Co. es un caso distinto. Ellos ofrecen joyería de alta calidad para un tipo específico de cliente. Lululemon ofrece ropa de especialidad para una base de clientes exigentes y con un perfil particular. Por eso debes preguntarte: "¿Quiénes son mis clientes y cuál es su concepto de la calidad?" Las mejores empresas son reconocidas como entidades que superan a sus competidores en las áreas más importantes.

Las mejores empresas invierten en un mejoramiento continuo y permanente. Nunca se sienten satisfechas porque saben que sus competidores trabajan noche y día para sacarlas del negocio, que implementan mejoras que harán que los clientes prefieran sus productos y servicios.

La Universidad de Harvard realiza un estudio sobre el impacto de las estrategias de mercado en la rentabilidad, conocido como PIMS (Profit Impact of Marketing Strategies por sus siglas en inglés). Comenzaron hace muchos años, primero con cientos de empresas, pero ahora son miles. El estudio trata de determinar cuáles son las estrategias de mercado que conducen a la mayor rentabilidad. A continuación te hablaré de lo que han descubierto.

Las empresas reconocidas por su alta calidad también son las empresas de mayor rentabilidad de su industria. Las reconocidas por su baja calidad se encuentran en el grupo de las que tienen la menor rentabilidad, y las peores suelen quebrar.

El año pasado, la revista *Inc.* realizó el estudio "Inc. 500". En él se enfocaron en la mejor manera en que una empresa podía invertir su dinero para hacerlo crecer, y descubrieron que, contrario a lo que se esperaba, lo mejor no era invertir en publicidad o marketing de ningún tipo. La mejor área para la inversión del presupuesto de una empresa es la de calidad del producto. El mejoramiento de la calidad tiene un impacto en las ventas y la rentabilidad mayor que cualquier otra cosa.

2. El segundo hábito de los negocios de alta rentabilidad es el desarrollo de un plan completo de negocios antes de iniciar operaciones. Estas empresas actualizan su plan cada vez que el mercado sufre modificaciones. La mayoría de la gente de negocios es impaciente y no invierte suficiente tiempo en el plan de negocios a pesar de que éste es esencial para el éxito. El plan te fuerza a pensar en cada una de las áreas de importancia de tu negocio antes de comprometer tu tiempo y tu presupuesto en ellas.

Alan Lakein, especialista en administración del tiempo, dijo: "La acción sin reflexión es la causa de todos los fracasos". Esto significa que cuando el pensamiento antecede a la acción, y en especial cuando el pensamiento se plasma en papel, se puede esperar el éxito. Los negocios exitosos hacen una investigación de mercado completa para determinar si existe demanda por su producto o servicio con posibilidad de rentabilidad.

La revista *Forbes* reportó hace poco que la principal razón por la que las empresas quiebran, por encima de todas las demás razones, es que no existe una demanda real en el mercado por lo que producen. Estas empresas pasan mucho tiempo en la inversión y el desarrollo de productos o servicios sin siquiera averiguar si el cliente tiene una necesidad real o si existe la demanda.

Una amiga mía que es una inversionista muy exitosa fue contactada por dos mujeres que habían desarrollado una comida para bebés extraordinaria. Tenía muchas proteínas, carbohidratos, vitaminas, minerales, etcétera. Querían que ella invirtiera en su empresa de alimentos infantiles. Les dijo: "Por supuesto, denme algunas muestras y las llevaré a casa". Mi amiga tenía tres niños menores de cinco años, y cuando les sirvió los alimentos, los tres los escupieron por todo el suelo. Las mujeres que desarrollaron el alimento nunca lo probaron con niños y no se dieron cuenta de que éstos simplemente no lo iban a consumir, así que perdieron todo su dinero.

Sucedió lo mismo con la empresa que invirtió una fortuna en desarrollar el mejor alimento para perros de la historia, pero fracasó porque éstos lo odiaron. Por eso, antes de lanzar el marketing, e incluso antes de fabricar el producto, debes asegurarte de que exista demanda y que la gente lo quiera.

La tercera parte importante del hábito de realizar planes de negocios consiste en definir costos y precios adecuados para garantizar la rentabilidad. Es muy importante que hagas la tarea. No des por hecho que los precios son precisos, debes verificar más de una vez y revisar las propuestas de los distintos proveedores de los componentes o ingredientes de tu producto. De esa manera, cuando empieces a asignarles a tus productos los precios que pagarán los clientes, conocerás con exactitud tus costos y sabrás si puedes generar ganancias.

3. El tercer hábito de los negocios exitosos es contar con administradores y personal competente en todos los niveles. Las mejores empresas son reconocidas porque en ellas trabaja gente habilidosa y porque, al contratar, eligen con mucho cuidado. Saben que 95% del éxito de un negocio lo definen las habilidades y la personalidad de la gente que trabaja en él.

Hace un par de días estaba hablando con un hombre de negocios muy adinerado. Me dijo que el único límite para el crecimiento de un negocio era encontrar personal competente. Es algo que yo mismo he constatado a lo largo de los años. Los únicos límites para el crecimiento de tu negocio son, en primer lugar, tu habilidad como negociante y, en segundo, tu habilidad para atraer a más gente competente que pueda trabajar contigo. Las mejores empresas establecen estándares elevados, contratan a gente con mayor capacidad para remplazar a quienes tienen un desempeño pobre.

De hecho, en un estudio realizado entre las empresas más exitosas de 22 países, se descubrió que todas tenían tres cualidades que destacaban. En primer lugar, tenían metas y objetivos claros para la empresa, para cada departamento y para cada empleado.

En segundo lugar, tenían medidas y estándares claros respecto al desempeño y las fechas límite, para todos los empleados y para cada puesto.

En tercer lugar, pagaban muy bien el desempeño excepcional. Resulta que estas tres cualidades —objetivos claros, medidas y estándares bien definidos, y compensación excelente para el alto desempeño— son las que, por encima de cualquier otro factor, garantizan el éxito de los negocios.

4. El cuarto hábito del éxito en los negocios es desarrollar un excelente plan de mercadotecnia para atraer

un flujo continuo de clientes nuevos. La publicidad es atractiva y positiva, pero además está dirigida a los mejores clientes potenciales.

Éste es un punto importante. La clave del éxito de la mercadotecnia consiste en saber con exactitud quién es tu cliente y, en especial, quién es el ideal: su edad, nivel de escolaridad, ingresos, formación familiar, etcétera.

También necesitas conocer la psicografía, es decir, los deseos, dudas, miedos, esperanzas, sueños y objetivos de tus clientes. Necesitas conocer la etnografía: cómo usan tu producto o servicio, y qué papel juega éste en su vida. Necesitas obtener todos estos datos antes de poder promover de manera efectiva tu producto o servicio entre la gente que más desea sus beneficios y la que más está dispuesta a pagar por ellos.

A veces, cuando estoy en una reunión de negocios, les pido a los asistentes lo siguiente: "Describe a tu cliente perfecto, el que quiere y necesita tu producto, el que está dispuesto a comprarlo de la manera más rápida y sencilla posible, y con el menor número de objeciones. No me digas cuál es tu producto ni me hables de tu empresa o tu industria, sólo describe al cliente".

Este ejercicio es excelente para analizar tu negocio porque te fuerza a pensar con exactitud quién es ese cliente. A veces se le llama avatar, es la persona que cuenta con las mejores cualidades y características del cliente perfecto. Luego debes pensar en lo que necesitas hacer para encontrar a esas personas, atraerlas y lograr que prueben tu producto o servicio.

En las mejores empresas, el costo de adquirir nuevos clientes es menor que las ganancias que éstos producirán. En todos los negocios, este tema se reduce a un concepto simple: comprar clientes. Todo lo que haces en tu negocio representa un gasto cuyo objetivo es adquirir clientes que, a su vez, te comprarán más y te generarán ganancias mayores de lo que a ti te costó comprarlos a ellos. Si logras adquirir clientes a un costo menor que el de la ganancia, podrás crecer de manera permanente. Siempre que veas que una empresa está en aprietos, será porque su costo de adquisición de clientes es mayor que las ganancias que éstos le producen, y porque el fin se acerca.

Te daré otro ejercicio: piensa qué podrías hacer de manera inmediata para mejorar la eficacia de tu marketing y publicidad.

5. El quinto hábito de los negocios exitosos es contar con un proceso de ventas excelente que pueda transformar de manera consistente a los prospectos interesados en clientes confirmados que paguen. Estos negocios han desarrollado un proceso de ventas que avanza paso por paso, desde el primer contacto con

el cliente hasta que se concreta la venta. Una vez que desarrollan este proceso, al contratar prestan mucha atención y entrenan vendedores excelentes. Actualmente, el éxito o el fracaso de las empresas depende de sus esfuerzos en el área de ventas.

Muchas personas cometen el error de fundar una empresa y echarla a andar sin tener experiencia en ventas. Piensan que las ventas son como el rocío matutino: un proceso natural. Creen que uno sólo tiene que crear un producto, contratar gente que lo venda como pan caliente y esperar que el dinero caiga en la cuenta bancaria. Estas personas son las mismas que luego se sorprenden al descubrir lo difícil que es lograr que alguien te compre por primera vez. Les cuesta trabajo creer lo complicado que es que un prospecto les compre cuando ya está muy contento con el producto de alguien más. Es uno de los aspectos más complicados del negocio, y lidiar con él exige una enorme cantidad de talento y habilidad.

Te haré una pregunta: ¿qué puedes hacer de manera inmediata para mejorar la calidad de tu proceso de ventas?

6. El sexto hábito de los negocios excelentes es contar con un magnífico plan de servicio al cliente que les garantiza altos niveles de satisfacción del cliente y, por supuesto, que éste vuelva a comprar. Estos negocios tienen un plan escrito que les permite hacerse cargo de sus clientes y garantizar su lealtad. Cada vez más, las ventas son producto de clientes que repiten la experiencia de compra y de clientes referidos.

Suele decirse que uno tiene tres objetivos en los negocios. El primero es obtener un cliente potencial que prefiera comprarte a ti que a alguien más. El segundo es cuidar a tu cliente tan bien, que regrese y te compre una y otra vez. El tercero es proveer un servicio al cliente tan bueno, que tus clientes traigan a sus amigos para que ellos también te compren.

Actualmente vivimos en algo a lo que llamamos "el país de las recomendaciones". El éxito en los negocios lo definen las recomendaciones y las referencias de quienes están tan contentos de haberte comprado algo, que insisten en que sus amigos también lo hagan.

A veces, cuando estoy en un salón de conferencias lleno de ejecutivos, les pregunto: "¿Qué pasaría con su negocio si ustedes todavía contaran con todos los clientes que han tenido desde el inicio?" Es una pregunta que hace que la gente deje de conversar. "Vaya —dicen—, si todavía tuviera a todos los clientes que he tenido, ¡sería rico!".

Bien, la siguiente pregunta es: "¿Qué tendrás que hacer con cada uno de los clientes a partir de ahora para asegurarte de que nunca te abandonen?". Las empresas más exitosas, como Apple, que es la organización con el mayor nivel de capitalización del mundo, tienen clientes que regresan y regresan para comprar más y más productos, y lo hacen porque están contentos con los que adquirieron anteriormente.

7. El séptimo hábito de los negocios exitosos es implementar sistemas excelentes que garanticen la más alta eficacia y calidad al menor costo posible. Estas empresas han redactado descripciones de empleos muy precisas, así como procedimientos claros para cada aspecto del negocio. Cada uno de los empleados sabe qué hacer con exactitud y cuáles son sus tareas más relevantes.

Cuando un negocio comienza, todos los empleados hacen de todo. Sin embargo, a medida que crece, tienen que detenerse, hacer una pausa y escribir lo que se supone que se debe realizar en cada uno de los puestos, paso por paso. Todo contacto que se haga con un cliente debe organizarse con meticulosidad. Los empleados deben ponerse de acuerdo para que todos puedan enunciar las cosas de la misma manera en cada conversación con los clientes, en todos los puntos de contacto. La descripción de todos los sistemas de contabilidad, facturación, envío, manejo, entrega y relaciones con el cliente está perfectamente redactada.

Esto es lo que te sugiero que hagas: si tienes un negocio y hay ciertos procedimientos que realizas de forma reiterada, siéntate, toma una hoja de papel e imagina que le vas a explicar a un nuevo empleado los sistemas, paso por paso y justamente como se hace en cada área.

Luego asegúrate de que los empleados memoricen los pasos y los sigan. Ésta es la manera en que crecen las empresas, codificando los procesos y sistemas para que los nuevos integrantes puedan llegar, recibir la información correcta a toda velocidad y desempeñar una labor excelente en todo momento.

Te daré un nuevo ejercicio. Pregúntate qué puedes hacer de manera inmediata para garantizar mayor claridad y mejor desempeño por parte del personal. ¿Cómo podrías asegurarte de que todos realicen su trabajo cada vez mejor y también lo disfruten más?

Por último, de los siete hábitos mencionados, ¿cuál piensas empezar a practicar de inmediato?

Capítulo 8

LOS SIETE HÁBITOS PARA EL ÉXITO PERSONAL

Todo lo anterior nos conduce a los siete hábitos para el éxito personal, los cuales funcionan en cualquier área y los puedes aplicar a lo largo de toda tu vida laboral. En especial, son útiles si quieres ganar mucho dinero y volverte millonario.

I. El primer hábito consiste en establecer una meta diaria. Hace muchos años descubrí esta idea de escribir todos los días mis objetivos más importantes y lo que necesitaba hacer para lograrlos, y transformó mi vida.

Más de 85% de la gente rica tiene un objetivo principal en el que trabaja. Lo escriben, piensan en él y lo releen todo el tiempo.

Cuanto más introduzcas tu objetivo principal en tu inconsciente, más activarás éste, así como tu creatividad y todas las habilidades con que cuentas para cumplir metas.

Recuerda que debes escribir tus objetivos. Sólo 3% de los adultos suele escribir las metas en las que trabaja, pero gana 10 veces más que la gente que no lo hace. Esto se ha visto en gente que estudió en la misma escuela y que ha tenido los mismos antecedentes, tipo de educación y oportunidades.

Se suele decir que la proporción de quienes escriben sus metas es de 1 contra 99%, pero la verdadera proporción es de 3 contra 97%. Ese 3% tiene todo el dinero y gana más de forma continua.

Tienes que leer y revisar tus metas todos los días, como si escudriñaras un mapa en tu GPS durante un viaje de larga distancia para atravesar el país. La clave es hacer diariamente algo que te ayude a lograr tu meta más importante. A lo largo de los siete días de la semana trata de dar continuidad a distintas actividades y completa una tarea cada día.

2. El segundo hábito para el éxito personal es el del planeamiento cotidiano. Esto significa que debes hacer una lista antes de empezar cada día y siempre avanzar con base en ella. Cuando empieces a trabajar todo el día a partir de una lista, aumentarás tu productividad, tu desempeño y tus resultados de 25 a 50 por ciento.

Una vez que tengas la lista deberás marcar las prioridades. Yo trato de animar a la gente a que siga el método ABCDE: A es algo que debes hacer, B es algo que deberías hacer. C es algo que sería agradable hacer, pero que en realidad no es importante. D es algo que puedes delegar y E es algo que puedes eliminar.

Establece prioridades claras en tu lista y pregúntate lo siguiente: si pudiera hacer solamente una cosa de la lista antes de tener que salir de la ciudad por un mes entero, ¿qué tarea me gustaría asegurarme de realizar? Encierra en un círculo esta tarea y conviértela en tu prioridad, luego empieza a trabajar en ella.

Recuerda que la clave del éxito radica en establecer prioridades y que éstas guíen tu trabajo. No tener prioridades y permitir que te distraiga todo lo que sucede a tu alrededor sólo te conduce al fracaso.

Si puedes definir tu primera prioridad y enfocarte en ella desde que empieces a trabajar en la mañana, duplicarás tu productividad, tu desempeño y tus ingresos más rápido de lo que imaginas.

3. El tercer hábito del éxito personal es el del enfoque y la concentración, los cuales son la clave para triunfar en grande. A todo gran logro lo antecede un periodo prolongado de concentración y enfoque.

Elige tu tarea más importante. Debe ser tu prioridad para hoy o la tarea prioritaria en tu vida, trabajo, familia o salud. Luego ponte a trabajar en ella desde que empiece el día. En tu vida laboral debes elegir esta tarea y concentrarte en ella al máximo hasta que la hayas completado.

Te diré algo maravilloso que descubrí respecto a los hábitos para el éxito: si lo primero que haces por la mañana es comenzar y trabajar en una tarea importante hasta terminarla, estarás pisando el acelerador de tu potencialidad. Esto te ayudará a abrir la puerta de tu poder creativo y te lanzará a una especie de flujo. Te proveerá una inyección de endorfinas que te hará sentir más poderoso, energético, creativo y motivado a hacer más cosas.

Lo anterior se debe a que todo el éxito se basa en la capacidad de completar tareas. Si empiezas una y la terminas, experimentarás una gran emoción, te sentirás feliz y eufórico. Si haces lo mismo con tu tarea más importante, el júbilo será aún mayor. Y si todas las mañanas aplicas esta técnica, será como si recibieras una inyección de endorfinas que te hará sentir fabuloso todo el día.

Además, si logras desarrollar el hábito de iniciar y terminar una de tus tareas importantes cada mañana, te volverás extraordinariamente competente en lo que haces y las probabilidades de que llegues a ser rico se dispararán hasta el cielo.

4. El cuarto hábito del éxito personal es el del aprendizaje continuo. La regla es muy sencilla: lee entre 30 y 60 minutos diarios algo sobre tu área de trabajo y continúa acrecentando tu conocimiento.

En segundo lugar, escucha programas educativos en audio cuando estés en tu automóvil, cuando hagas ejercicio o en otros momentos en que no estés ocupado y puedas usar tu teléfono celular para este propósito. Transforma el tiempo que te toma trasladarte de un lugar a otro, o los momentos de transición, en periodos de aprendizaje. Convierte tu automóvil en una universidad rodante.

Siempre aprende cosas nuevas. Incluso si sólo escuchas un audio durante cinco o 10 minutos, podrías encontrar una valiosa reflexión para aumentar el conocimiento con el que ya cuentas.

Asiste a todos los seminarios y talleres de tu especialidad que puedas. ¿Por qué? En primer lugar, porque las personas más competentes e inteligentes de tu industria dan conferencias en estos seminarios y talleres. En segundo lugar, porque la gente que asiste a ellos es interesante y está bien informada, es la gente con la que deberías relacionarte y conversar. En una convención, o en un seminario o taller de calidad que dure algunas horas o un par de días, podrías aprender más que si estudiaras durante años por tu cuenta.

Como orador y conferencista, me doy cuenta de que la gente que asiste a estos eventos siempre es la mejor en su campo. Son los mismos que vuelven a estar presentes en la siguiente ocasión. Lo más interesante es que los que asisten a mis seminarios siempre vuelven para contarme sus historias. Casi siempre siguen el mismo patrón: cuando asistieron por primera vez se encontraban en aprietos incluso, alguien más tuvo que pagarles el boleto porque ellos no podían cubrir el costo. En la segunda y en la tercera ocasión les está yendo mejor, y después, ya son ricos. Con el tiempo llegan a tener sus propias empresas. Hace poco se acercaron a mí dos hombres durante un seminario; traían consigo a 38 miembros del personal de su empresa, la cual tiene presencia en siete estados. Antes de eso, cuando asistieron a su primer seminario, no tenían un centavo.

"Su seminario nos permitió volvernos ricos", me dijeron. Ahora lo sabes: invierte sin restricciones en ti mismo, en tu aprendizaje y en la adquisición de nuevas habilidades.

5. Como lo mencioné anteriormente, el quinto hábito para el éxito personal es el de mantenerte en forma y tener una excelente salud. Consume alimentos sanos y nutritivos, y niégate a comer cualquier cosa que no te convenga.

Ya conoces la regla: si quieres mantenerte en buen estado físico, come menos y haz más ejercicio. Y si vas a comer menos, que sean alimentos de mejor calidad, pero no dejes de hacer ejercicio. Trata de realizar una actividad física al menos tres horas y media a la semana, y duerme entre siete y ocho horas diarias.

Recuerda que tu cerebro es como una batería y que a lo largo del día se va descargando. Dormir lo suficiente te ayuda a recargarlo, y cuanto más lo hagas, más se fortalecerá.

6. El sexto hábito es el trabajo arduo, intenso. Como lo dije desde el principio, el trabajo empeñoso es el sello distintivo de la gente exitosa. No sólo trabajo arduo, también inteligente. Despiértate una hora más temprano todos los días, levántate a las 6:00 a.m. y comienza a moverte. Trabaja una hora más cada día, cuando todos se vayan a casa, quédate en la oficina y termina tus tareas.

Asimismo, recuerda "trabajar todo el tiempo que trabajas". Creo que éste es uno de los principios más importantes del éxito. No pierdas tiempo. Cuando vayas a la oficina, sólo trabaja. No te pongas a platicar con tus amigos, a beber café, a navegar en internet, leer el periódico ni salir de compras durante tu jornada laboral. En cuanto empieces a trabajar inclina la cabeza como lo hacen los corredores en el punto de salida en los Juegos Olímpicos y trabaja todo el tiempo que estés en tu centro de trabajo u oficina.

Imagina que en tu empresa van a hacer un concurso especial para elegir al empleado más trabajador, pero nadie está enterado de ello. Tu tarea consiste en ganar ese concurso. Tienes que lograr que todos te consideren el empleado más empeñoso de la empresa.

El trabajo arduo es lo que más te ayudará a atraer la atención de la gente que puede ayudarte en tu carrera y, además, a diferencia de muchos otros aspectos, tu manera de trabajar es algo que sí depende de ti.

La persona promedio desperdicia 50% de su tiempo laboral. Se le va en plática trivial con sus compañeros y en actividades que no tienen nada que ver con su trabajo. No hagas eso, tú trabaja todo el tiempo que estés en la oficina. Cuando llegues ahí, sonríele a la gente, y si alguien te pregunta si tienes un minuto para conversar, contesta: "Sí, pero no ahora. En este momento tengo que continuar trabajando. Hablemos cuando termine".

7. El séptimo y último hábito para el éxito personal es el de actuar de forma continua. Cada vez que tengas la oportunidad de hacerlo, muévete con rapidez. No esperes y no te retrases, realiza más llamadas de ven-

tas, visita a más gente, estudia más información. Desarrolla un ritmo de trabajo ágil. Sé rápido y muévete todo el tiempo.

Lo más importante es que desarrolles la sensación de urgencia que sólo 2% de la gente tiene. A ese 2% lo admiran todos los demás porque son personas que logran y producen más. Atraen más oportunidades para su carrera. Son a quienes les ofrecen más empleos y a quienes todos recurren para sus proyectos. Quienes los conocen saben que, si quieren que algo se lleve a cabo, tienen que encargárselo a ese 2 por ciento.

Por último, me gustaría compartir contigo una reflexión esencial. Se trata de la maravillosa cita de Goethe: "Todo es difícil antes de volverse sencillo". ¿Te parece que es sencillo volverte una persona excepcional en todo sentido? Por supuesto que no. De hecho, es difícil, pero también es posible.

Avanza un paso a la vez. Recuerda el viejo dicho: "A camino largo, paso corto". Decídete ahora mismo a desarrollar las cualidades, los hábitos, las características y la personalidad de la gente triunfadora, y luego dispone a construir uno de los negocios más exitoso del mundo. ¡Te deseo lo mejor!

¿QUIERES LEER MÁS DE BRIAN TRACY?

El experto en éxito Brian Tracy comparte un método probado de siete pasos que te ayudarán a conseguir, en pocos meses, más de lo que la mayoría de las personas logra en toda su vida. Si te pones como meta lograr dos cosas todos los días, sin excepción, no tendrás límites para lo que quieras alcanzar. Con la ayuda de Brian, serás capaz de descubrir la clave para ganar, tener felicidad, crear una buena reputación y triunfar.

En esta era empresarial es muy tentador dejar tu trabajo para poner tu empresa. En *Emprende tu propio negocio*, el mundialmente conocido consultor de negocios Brian Tracy habla de una de las habilidades más necesarias hoy en día: el espíritu empresarial.

SI LO CREES, LO CREAS

Elimina tus dudas, cambia tus creencias y suelta el pasado para alcanzar todo tu potencial

BRIAN TRACY
Autor best seller de *The New York Times*

CON LA DRA. CHRISTINA STEIN

DEBOLS!LLO clave

Si te sientes atrapado, abrumado o incapaz de escapar de tus pensamientos negativos, este libro te pondrá en el camino correcto. Está lleno de consejos reveladores del autor bestseller Brian Tracy, junto con la psicoterapeuta Christina Stein; aprenderás a identificar y superar ideas perjudiciales, a convertir lo negativo en positivo y a aceptar cambios de vida inesperados sin caer en viejos patrones negativos para alcanzar tus metas y sentirte satisfecho.

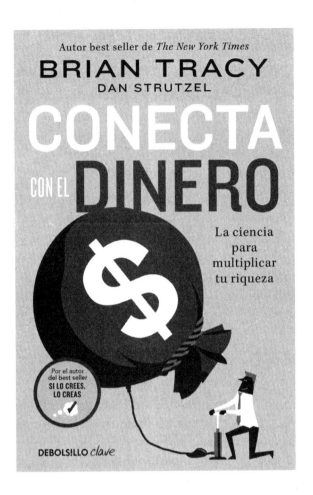

En esta obra, Brian Tracy enseña las leyes del dinero y cómo obtenerlo desde la perspectiva del método científico. Estas leyes han sido probadas una y otra vez no sólo por algunos años, sino durante siglos por miles de personas y siempre han dado el mismo resultado: prosperidad.

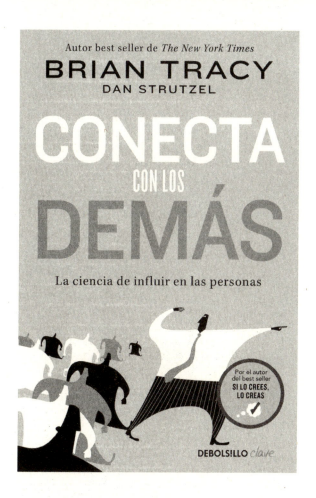

Una de las habilidades más necesarias que todos debieran desarrollar es la de influir en los demás. En estas páginas, Brian Tracy, experto mundial en liderazgo y autoayuda, te muestra las leyes de la influencia y cómo obtener resultados increíbles tales como: relaciones personales más felices, mayores ventas, asociaciones más rentables y una mayor capacidad para cumplir tus compromisos y metas.